잘 팔리는 부동산을 위한 AX시대의 공간 마케팅

AI 홈스테이징

디자인 마스터 클래스

※이 책은 세종사이버대학교의 출판 지원사업으로 제작되었습니다.

잘 팔리는 부동산을 위한 AX시대의 공간 마케팅

AI 홈스테이징 디자인 마스터 클래스

초판 1쇄 인쇄 2025년 9월 15일
초판 1쇄 발행 2025년 10월 1일

지은이 장미정

발행인 백유미 조영석
발행처 (주)라온아시아
주소 서울 서초구 방배로 180 스파크플러스 3F

등록 2016년 7월 5일 제 2016-000141호
전화 070-7600-8230 **팩스** 070-4754-2473

값 20,000원
ISBN 979-11-6958-232-2 (13320)

※ 라온북은 (주)라온아시아의 퍼스널 브랜드입니다.

라온북은 독자 여러분의 소중한 원고를 기다리고 있습니다. (raonbook@raonasia.co.kr)

AI Home Staging

잘 팔리는 부동산을 위한 AX시대의 공간 마케팅

AI 홈스테이징 디자인 마스터 클래스

장미정 지음

챗GPT부터 이미지 생성까지, 실전 홈스테이징 활용법 대공개

지금, 당신의 공간에 밀려든 AI의 파도,
잘 팔리는 부동산, 감성의 알고리즘으로 설계하라

효율적인 포토 스테이징 프롬프트와 리이미징 단계별 가이드!

한눈에 들여다 보는 AI 홈스테이징의 글로벌 트렌드와 국내 사례

실습 후 바로 활용하는 공간별 홈스테이징 노하우!

RAON BOOK

RAON BOOK

프롤로그

변화하는 부동산 시장, AI와 홈스테이징의 만남

"이 집, 느낌이 참 좋네요."

그 한마디는 단순한 인사가 아니라, 계약을 앞둔 고객의 진심 어린 표현이었다. 오랜 시간 동안 필자는 현장에서 수많은 공간을 마주했고, 수많은 사람들의 선택을 관찰해왔다. 그들이 집을 결정하는 기준은 단지 평수, 입지, 가격이 아니었다. 결국, 사람들은 '느낌'을 보고 움직인다. 그리고 그 느낌은 어떻게 보여 주느냐에 따라 완전히 달라질 수 있다.

우리는 지금, 부동산의 '보여 주는 기술'이 빠르게 진화하는 시대에 살고 있다. 코로나 이후 비대면 매물 조회가 늘어나며, 부동산도 '이미지로 설득하는 마케팅'이 필수가 되었다. 더 이상 종이 광고나 단순한 사진만으로는 사람들의 시선을 끌 수 없다. '공간의 첫인상'을 어떻게 기획하고, 전달할 것인가가 계약 성사의 핵심이 되었다.

그 중심에 바로 홈스테이징이 있다. 그리고 이제, 홈스테이징은 AI와 만나 더욱 강력한 전략으로 진화하고 있다. AI는 누구나 손쉽게 감각적인 공간 이미지를 만들 수 있게 해주고, 실제로 인테리어를 하지 않고도 매물의 '느낌'을 제안할 수 있게 해준다. 미드저니(Midjourney), 룸GPT(RoomGPT), 챗GPT(ChatGPT)와 같은 도구들은 이제 전문가만의 것이 아니다. 부동산에 관심 있는 누구라도, AI를 활용해 홈스테이징 전문가처럼 공간을 기획하고 콘텐츠를 만들 수 있는 시대가 열린 것이다.

이 책은 바로 그 변화의 시작점에서 쓰였다. AI와 홈스테이징이라는 두 도구가 만났을 때, 한 사람의 커리어, 한 매물의 가치, 한 공간의 미래가 어떻게 달라질 수 있는지를 함께 탐구해보고자 한다. 누구든 시작할 수 있고, 누구든 성장할 수 있다. 중요한 건 기술이 아니라 '의지'이고, 시작의 문턱은 이미 AI가 낮춰주었다.

전작 이후, 달라진 시장과 장미정 교수의 통찰

2021년, 필자는 《잘 팔리는 부동산은 따로 있다 : 지금 집값보다 더 높게 파는 홈스테이징 재테크》를 출간하며 대한민국에 홈스테이징이라는 개념을 본격적으로 소개했다. 당시만 해도 홈스테이징은 일부 전문가의 영역이거나, 고급 주택 시장에만 국한된 실무 개념으로 여겨졌다. 하지만 지금은 다르다. 중개사, 임대인, 셀러, 은퇴 준비자, 전업주부, 프리랜서까지 누구나 홈스테이징에 관심을 갖고, 실행하려는 시대가 되었다.

4년 전, 사람들이 "이게 한국에서도 될까요?"라고 물었다면, 지금은 "어떻게 시작하면 되나요?"라는 질문이 훨씬 더 많아졌다. 그 변화의 배경에는 시장 구조의 변화, 콘텐츠 소비 방식의 변화, 그리고 AI 기술의 대중화라는 결정적인 흐름이 있다.

이 책을 쓰는 지금, 필자는 한 가지 확신을 갖고 있다. AI는 전문가를 대체하지 않지만, 초보자를 전문가처럼 만들어준다. 그렇기에 이제 홈스테이징은 '특별한 사람의 일'이 아니라, '누구나 시작할 수 있는 일'로 확장되고 있다. 이제 더 이상 인테리어 감각이 부족하다고 주저할 필요도 없고, 고가의 촬영 장비나 스타일링 소품을 준비하지 않아도 된다. AI가 보여 주는 이미지를 통해, 사람들의 상상과 감정을 움직이는 시대가 왔기 때문이다.

이 책은 AI를 처음 접하는 독자도, 홈스테이징이 낯선 사람도, 지금의 내 일이나 삶에 새로운 길을 열고 싶은 사람도, 모두 함께 할 수 있도록 기획되었다. 필자는 이 책을 통해, '누구나 홈스테이징 전문가가 될 수 있는 방법'을 AI라는 친절한 도구와 함께 제시하고자 한다.

지금이 바로 시작할 타이밍이다.

그리고 이 책이, 그 첫걸음에 용기를 줄 수 있기를 바란다.

한국을 대표하는 홈스테이징 전문가

장 미 정

차 례

2부. AI로 공간을 디자인하다 : 프롬프트에서 에이전트까지

1장. 이미지를 만드는 언어 'AI 프롬프트 엔지니어링'

2장. AI 에이전트가 바꾸는 디자인 워크 플로

3장. 이미지가 달라지는 마법의 홈스테이징 문장구조

4장. 홈스테이징을 위한 고급 프롬프트 엔지니어링 디자인

3부. AI와 함께하는 홈스테이징 연출법

1장. 생성형 AI 실전 활용법

2장. 공간별 홈스테이징 이미지 실습

3장. AI 이미지·에이전트의 실전 활용법

AI

1부

AI시대, 왜 홈스테이징인가?

: 부동산, 인테리어, AI시장의 융합과 트렌드 분석

1장

홈스테이징,
여전히 유효한
부동산 재테크 전략

“부동산도 이제 ‘화면’으로 사는 시대가 왔다”

한때 사람들은 옷은 직접 입어보고 원단을 만져봐야만 살 수 있다고 믿었다. 인터넷 쇼핑몰이 처음 등장했을 때, 대부분은 이렇게 말했다. “옷을 화면으로 보고 어떻게 사?”, “핏도 모르고, 색감도 다를 텐데 망할 게 뻔하지 않나.” 그러나 지금은 어떤가? 많은 이들이 오프라인 매장보다 인터넷 쇼핑몰을 더 자주 이용한다. 수십 가지 스타일을 한눈에 비교하고, 리뷰를 읽고, 클릭 한 번으로 결제까지 마친다. 사이즈 정보, 착용 후기, AR 기반 가상피팅 시스템 등 기술이 사용자의 불안을 해소하면서 구매를 돕는다. 결국, ‘입어봐야 산다’라는 통념은 기술에 의해 무너졌다.

이제 같은 질문을 부동산 시장에 던질 때가 되었다. “집은 직접 가서 봐야 하는 거 아닌가요?”, “현장을 보지 않고 어떻게 계약을 해요?”라는 질문은 어쩌면 과거 인터넷 쇼핑몰을 대하던 시선과 다르지 않다. 물론 집은 고가의 자산이고, 장기간 거주하는 공간이기 때문에 신중해야 한다. 그러나 이미 부동산 시장에서도 많은 변화가 일어나고 있다. 실제로 임대부터 매매까지, 거래의 상당 부분이 온라인 플랫폼에서 시작되고 있다. 클릭 한 번으로 집을 검색하고, 사진과 동영상을 살펴보고, AI가 추천한 매물을 비교하며, 계약까지 이어지는 흐름이 점점 익숙해지고 있다.

우리는 지금, 집을 ‘발품’으로 사던 시대에서 ‘데이터와 이미지’로 판단하는 시대로 넘어가고 있다. 그렇다면 이 시대에 가장 중요한 전략은 무엇일까? 바로 ‘보여지는 가치’를 어떻게 기획하고 전달할 것인가다. 그리고 이 역할을 가장 효과적으로 수행할 수 있는 것이 ‘홈스테이징’이다. AI 시대에도 여전히 유효한, 아니 오히려 더 필수적인 전략으로 부상한 것이 홈스테이징이다. 이 장에서는 그 이유를 풀어가 보려 한다.

부동산은 감정의 거래다

부동산은 흔히 '숫자의 영역'이라고 말한다. 면적, 가격, 층수, 방향, 학군, 교통, 주변 인프라 등 복잡한 수치와 조건이 거래를 좌우한다. 투자자는 데이터를 분석하고, 실수요자는 조건을 비교하며, 공인중개사는 그것을 조율한다. 하지만 숫자만으로 집을 고르는 사람은 그리 많지 않다. 실제로 매물을 매입하거나 임대하는 순간, 사람들의 마음은 '감정'이라는 이름의 필터를 통과한다. 정작 사람들의 최종 결정은 '숫자'가 아니라 '느낌'에서 비롯된다. 집을 보고 "마음에 든다" 혹은 "뭔가 불편하다"라는 감정이 결정적인 순간을 만든다. 즉, 부동산은 결국 '감정의 거래'다.

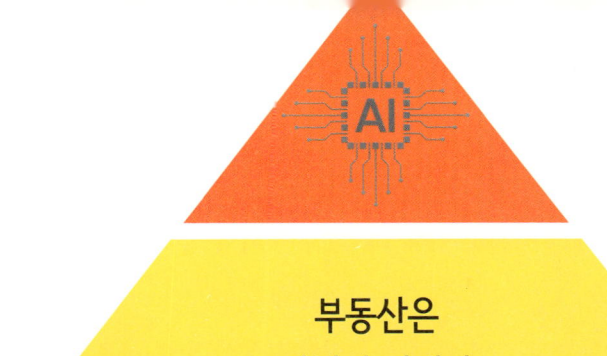

그 감정의 가장 첫 번째 요소는 '보여지는 인상'이다. 우리는 사진 한 장, 현관을 들어서는 첫 순간의 느낌, 햇살이 들어오는 창가의 분위기, 벽의 색감과 가구 배치에서 공간을 감각적으로 해석한

다. 머릿속에서 '이 집에서 살게 된다면'이라는 상상이 시작되고, 그 상상이 얼마나 설득력 있게 다가오는지가 결정적인 순간을 만든다.

이러한 변화는 온라인 플랫폼 중심의 부동산 소비 구조와 맞물려 더욱 뚜렷해진다. 사람들은 네이버 부동산이나 직방, 다방과 같은 앱에서 수십 개의 매물을 한눈에 비교한다. 그중 어떤 매물을 클릭할지 결정하는 건 결국 '대표 사진'이다. 어둡고 복잡한 사진은 바로 '스킵'된다. 반대로 밝고 정돈된 느낌, 감성적으로 다가오는 이미지는 클릭을 유도하고, 현장 방문으로 이어진다.

중요한 것은 이 클릭조차 하지 못한 매물은 시장에서 기회를 잃는다는 점이다. 아무리 위치가 좋고 조건이 뛰어나도, 시각적으로 설득하지 못하면 선택받지 못한다. 결국, 오늘날 부동산 시장은 '정보의 경쟁'이 아니라 '느낌의 경쟁'이다. 감정적으로 먼저 신뢰를 얻은 공간이 선택되고, 감정적으로 연결된 사람이 그 공간을 거래한다.

그렇다면 우리는 이 '느낌'을 어떻게 설계할 수 있을까? 바로 '홈스테이징'이 그 해답이다. 홈스테이징은 단순히 집을 예쁘게 꾸미는 일이 아니다. 구매자나 임차인의 시선에서, 그들의 라이프스타일을 예측하고 감정적 공감을 유도하는 공간 기획이다. 예를 들어, 빈집의 거실에 따뜻한 조명과 소파를 배치해 '함께 앉아 대화를 나누는 저녁 시간'을 상상하게 만드는 것이고, 주방에 식탁과 테이블웨어를 더해 '가족과 식사하는 장면'을 떠올리게 하는 것이다. 이처럼 생활의 이미지가 머릿속에 그려질수록 그 공간은 더 이상 단순한 매물이 아니라 '살고 싶은 삶의 장면'으로 인식된다.

AI 기술이 발전하면서 이 감정적 설계는 더욱 정교해지고 있다. 사용자의 검색 이력, 생활 패턴, 선호 스타일을 분석해 최적의 매물과 스타일링을 제안할 수 있게 된 것이다. 이제는 '예쁘게 꾸미는 것'을 넘어 '이 사람에게 이 공간이 왜 잘 맞는지'를 설명하는 기술 기반 설계가 가능해졌다.

부동산도 이제는 '보여지는 시대'다. 그 '보여지는 것'이 감정을 움직이고, 감정이 거래를 만든다. 이 책이 말하고자 하는 핵심은 명확하다. AI 시대의 홈스테이징은 감정과 기술, 스타일과 데이터를 연결하는 새로운 전략이다. 그리고 그 전략은 지금, 부동산의 미래를 바꾸고 있다.

홈스테이징은 '보이는 전략'이다

홈스테이징(Home Staging)은 단어만 보면 단순한 '홈 인테리어'처럼 느껴질 수 있다. 게다가 처음 듣는 사람에게는 단지 '예쁘게 집을 꾸미는 일'처럼 들릴 수 있다. 하지만 그 본질은 완전히 다르다. 인테리어가 '살고 있는 사람(living people)'을 위한 작업이라면, 홈스테이징은 '팔기 위한 공간 연출(Creating space for sales)'이다. 즉, 판매를 위한 전략적 이미지 마케팅에 가깝다.

또한 인테리어가 거주자의 라이프스타일을 반영해 '사는 공간(Living space)'을 만드는 것이라면, 홈스테이징은 잠재적 구매자나 임차인의 시선을 고려해 '팔리는 공간(Selling space)'을 연출하는 전략이다. 즉, 홈스테이징은 감각이 아니라 전략이다. 감정을 자극하되, 철저히 '목적이 있는 꾸밈'이라는 점에서 마케팅 행위에 가깝다. 이처럼 홈스테이징은 단순히 '꾸미는 것'이 아니라 매수자에게 공간을 해석할 힌트를 주는 일이다.

아래의 그림과 같이 비어 있는 집을 떠올려보자. 벽지는 멀쩡하고, 바닥도 깨끗하지만, 전체적으로 차갑고 쓸쓸한 분위기가 감돈다. 이 집은 좋은 입지 조건을 가지고 있고, 평면 구조도 나쁘지 않지만, 보는 이로 하여금 어떤 생활 이미지도 떠오르게 하지 못한다. 단순한 '공간'일 뿐, '살고 싶은 집'은 아니다. 바로 이 지점이 홈스테이징이 개입해야 하는 타이밍이다.

비어 있는 집[before] (출처: https://furniqo.app)

다음의 그림과 같이 간단하게 AI를 활용하여 공간 한쪽에 베이지 톤 가구와 1인 체어를 배치하고, 창가에는 책상과 노트북, 식물을 놓는다고 상상해 보자.

연출된 집[After] (출처: https://furniqo.app)

단지 이 정도의 연출만으로도 같은 공간이 완전히 다르게 보인다. 사람들은 이 공간에서 살고 있는 누군가의 모습, 혹은 바로 '내가 그 사람이 되는 상상'을 시작한다. "여기서 아침 커피를 마시겠지", "저 창가 앞에서 책을 읽을 수 있겠네." 이것이 홈스테이징의 가장 강력한 힘이다. 집을 팔기 위한 설득이 아니라, 살고 싶은 감정을 자극하는 '시각적 제안'인 것이다. 게다가 어떤 분위기인지, 어떤 기능을 가진 공간인지, 얼마나 편안하고 따뜻한 삶이 가능한지를 이미지로 보여주는 것이다. 말하자면 집을 파는 것이 아니라, 삶을 팔고 있는 셈이다.

홈스테이징은 공간의 기능을 보여주는 방식도 바꿔준다. 예컨대, 3베이(Bay) 구조의 아파트를 상상해 보자. 전면 발코니에 안방, 거실, 방 1개 등 총 3개의 공간이 나란히 배치된 구조를 흔히 떠올릴 것이다. 이 구조는 햇볕이 잘 들고 여러 공간에서 조망을 즐길 수 있으며, 발코니 확장을 통해 더 넓게 활용할 수 있다는 장점이 있다. 그런데 만약 3베이 구조의 집에서 방 하나가 어중간한 크기일 경우, 책상과 조명을 배치해 '서재'로 연출하면 사람들은 '활용도 높은 공간'으로 인식하게 된다. 반면, 텅 빈 공간은 오히려 좁고 쓸모없어 보이기 쉽다. 공간은 보여지는 방식에 따라 의미가 완전히 달라지며, 이는 곧 가격과 계약 가능성에까지 영향을 미친다.

이처럼 홈스테이징은 '보여지는 것'을 철저히 전략적으로 기획하는 일이다. 무작정 꾸미는 것이 아니다. 타깃 소비자층이 누구인지, 그들이 선호하는 스타일은 무엇인지, 어떤 라이프스타일을 상상하게 만들 것인지 등을 분석하고, 이에 따라 색채, 소재, 가구 스타일, 조명 등을 결정한다. 일종의 '공간 브랜딩'이라 할 수 있다.

그리고 이 전략은 AI 시대에 더욱 강력해지고 있다. AI는 사용자의 검색 데이터, 소비 패턴, 라이프스타일을 분석해 가장 매력적으로 느껴질 수 있는 스타일링을 제안한다. 예를 들어, 가족 단위의 실수요자를 타깃으로 한다면 따뜻한 조명과 안정적인 색상 조합, 넓은 다이닝 공간이 강조된다. 반면, 1인 가구를 타깃으로 할 경우 미니멀한 가구 구성, 수납의 효율성, 홈오피스 공간의 가벼운 구성 등이 중요하게 반영된다.

AI 기술은 이 모든 과정을 시뮬레이션하고, 이미지로 구현하고, 구매자에게 '선택된 공간'처럼 보여 주는 데까지 발전하고 있다. 이제는 실제 가구를 들여놓지 않고도, 가상 스타일링을 통해 소비자의 감정을 움직일 수 있는 시대다. 홈스테이징은 이제 단순한 연출을 넘어, 기술을 품은 '감정 기반 설득 도구'로 재탄생하고 있는 셈이다.

결국, 홈스테이징은 '보여지는 가치'를 설계하는 일이다. 그리고 이 보여지는 가치는 단순히 미적인 만족을 넘어서, 구매자가 느끼는 '삶의 장면'을 구성하는 일이다. 우리는 이 장면들을 얼마나 설득력 있게 만들어낼 수 있는가에 따라, 부동산의 가치와 시장 반응을 다르게 이끌 수 있다.

또한, 홈스테이징은 단순한 유행이 아니다. 그것은 앞으로의 부동산 마케팅에서 '보이지 않으면 팔리지 않는 시대'를 살아가기 위한 핵심 전략이다. 이 책의 다음 장에서는, 바로 이 전략이 AI 기술과 만나 어떤 방식으로 확장되고 실현되는지를 더 깊이 들여다볼 것이다.

저비용, 고효율, 실속있는 재테크 수단

부동산 재테크라고 하면 대개 '입지'와 '시세 차익'을 먼저 떠올린다. 역세권 아파트, 재개발 구역, 학군지와 같은 조건이 부동산 가치의 핵심으로 여겨져 왔다. 물론 지금도 여전히 유효한 전략이다. 하지만 이제는 그런 정보가 누구에게나 공개되고, 경쟁자가 넘쳐난다. 같은 지역, 비슷한 시세, 유사한 구조의 매물들이 시장에 동시에 나올 때, 어떤 집이 더 빠르게, 더 높은 가격에 팔릴까? 바로 여기서 '보여지는 전략'이 실질적인 차이를 만들어 낸다.

홈스테이징은 대표적인 저비용 고효율, 가성비 있는 전략이다. 수천만 원을 들여 대대적인 리모델링을 하지 않아도, 몇십만 원에서 몇백만 원 사이의 적정한 비용으로 집의 인상을 완전히 바꿔낼 수 있다. 특히 매물을 내놓는 입장에서, 투자 비용 대비 효과를 극대화할 수 있다는 점에서 홈스테이징은 '가성비 좋은 재테크 도구'

로 부상하고 있다.

예를 들어보자. 수도권의 20년 된 구축 아파트를 매도한다고 가정하자. 도배와 장판 교체, 욕실 수리 등 전체 리모델링을 하려면 최소 수천만 원이 소요된다. 반면, 이 집을 '자녀가 있는 30대 실수요자'를 타깃으로 설정하고, 거실에 러그와 식탁을 배치하고, 침실에는 아늑한 커튼과 조명을 연출한 후 전문 촬영을 진행하면 단돈 몇십만 원으로도 고급스러운 이미지가 완성된다. 이후 온라인 매물 플랫폼에 등록된 이 매물은 다른 경쟁 매물보다 눈에 띄게 클릭률이 높고, 방문 문의도 빠르게 이어진다. 공간은 손대지 않았지만, 이미지는 설계되었기 때문이다.

홈스테이징은 특히 시장이 침체되었을 때 더욱 빛을 발한다. 거래량이 줄고 매물이 넘쳐나는 시기에는 '가격을 낮추는 전략'이 흔히 쓰인다. 하지만 가격을 낮추지 않고도 더 빨리 팔 수 있는 방법이 있다면? 그것이 바로 '감정을 자극하는 시각화'다. 매수자는 동일한 예산이라면 더 감성적으로 다가오는 공간을 선택한다. 결국, 보여지는 인상이 곧 가격 저항을 완화시키고, 선택을 이끌어 내는 무기가 된다.

이러한 홈스테이징의 전략적 효용성은 AI 기술의 결합으로 더욱 강화된다. 이제는 실제로 스타일링을 하지 않아도, 이미지로 연출이 가능한 시대다. 예를 들어, 미드저니(Midjourney : 텍스트를 입력하면 AI가 이미지를 생성해주는 'Text-to-Image' 모델)나 룸GPT(RoomGPT, AI기반 실내공간디자인 앱) 같은 AI 기반의 이미지 생성툴은 기존 매물 사진을 기반으로 비포앤 애프터(Before & After) 이미지를 손쉽게 제작할 수 있다. 특히 룸GPT는 사용자가 사진을 업로드하기만 하면 방을 새롭게 디자인할 수 있는 AI 기반 인테리어 디자인 앱으로, 실내 공간을 사실적으로 시각화하여 사용자가 변경하기 전에 다양한 디자인 테마와 스타일을 살펴볼 수 있도록 지원한다. 이미 200만 명이 넘는 사용자가 이 앱을 사용했으며, 리노베이션을 시각화하고 인테리어 결정에 대한 망설임을 극복하는 데 도움을 준다는 점에서 호평을 받고 있다. 뿐만 아니라 이런 앱을 통해서는 어두운 실내 사진을 밝게 조정하거나 빈 공간에 가구를 배치한 모습을 가상으로 구현해 보여주는 것도 가능하다.

이러한 기술의 장점은 '비용 없이도 변화된 이미지를 보여 줄 수 있다'라는 데 있다. 소유주는 실제로 인테리어나 가구를 들이지 않고도, 소비자에게 공간이 가진 잠재력을 제시할 수 있다. 마치 모델하우스를 직접 꾸미지 않고도, 3D 렌더링으로 고객의 상상을 자극하는 방식과 유사하다. 특히, 예산이 넉넉지 않은 개인 매도자나, 다수의 매물을 관리해야 하는 중개사, 현재 거주하는 매물을 빠르게 나가게 해야 하는 임차인에게도 아주 유용한 툴이다.

또한, AI 도구는 타깃 설정과 스타일 분석에도 도움을 준다. 구매자의 성별, 연령, 가족 구성, 라이프스타일 등을 기반으로 어떤 이미지가 설득력이 있을지를 판단할 수 있다. 예를 들어, 1인 가구 여성에게는 미니멀하고 밝은 톤의 공간 이미지가, 4인 가족에게는 넓은 식탁과 휴식 공간이 강조된 이미지가 더 효과적일 수 있다.

홈스테이징은 이렇게 '누구에게 팔 것인가'를 전제로 시작되며, AI는 그 전략을 구체화하는 도구가 된다.

결국, 홈스테이징은 단순히 '예쁜 집을 만드는 일'이 아니다. 그것은 경제적 비용과 심리적 설득, 두 가지를 동시에 공략하는 마케팅이다. 공간은 고치지 않고도 설계할 수 있고, 현실은 그대로 두고도 감정을 바꿀 수 있다. 즉, 실제로 리모델링이나 스타일링을 하지 않아도 '이미지로 연출하여 매물의 감정을 전달할 수 있는 시대'가 된 것이다. 이러한 전략은 소규모 투자자, 1인 부동산 사업자, 중개사무소 운영자 등 실속 있는 재테크를 추구하는 모든 이에게 강력한 도구가 된다.

'작은 연출 하나가 수천만 원의 가치를 바꾼다.'라는 이 말은 더 이상 수사적인 표현이 아니다. 실제로 감정과 이미지, 그리고 AI 기술이 결합한 홈스테이징은 그만큼의 변화를 만들어낸다. 자본보다 상상력, 비용보다 전략이 우선시되는 시대. 홈스테이징은 그 정중앙에 서 있는 새로운 재테크 수단이다.

클릭에서 계약까지, 변화하는 소비자의 눈

오늘날 소비자는 매우 빠르고 직관적이다. 부동산에서도 수많은 매물 중 하나를 고르는 과정에서 스마트폰을 들고 플랫폼을 스크롤하는 소비자의 눈은 빠르고 직관적이다. 몇 개의 집을 '선택'하기 전에 이미 수많은 집을 '거른다'.

수많은 매물 중 어느 하나에 시선을 멈추는 데 걸리는 시간은 평균 3초 이내, 클릭을 결정하는 시간은 단 1초다. 그리고 이 모든 판단의 시작점은 단 하나, '사진 한 장'이다. 사람들은 3초 안에 시선을 멈추고, 1초 만에 클릭을 결정한다. 이 과정에서 사진 한 장의 힘은 절대적이다.

이제는 설명이 아닌 '이미지'가 말하는 시대다. 아무리 좋은 입지 조건과 가격 조건을 갖췄더라도 시각적으로 호감을 주지 못하는 매물은 클릭조차 되지 않는다. 더 나아가 방문이나 계약까지 이

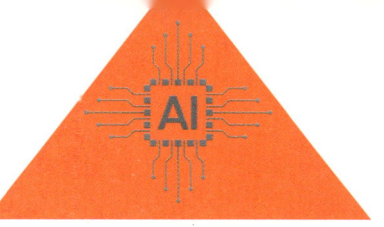

어지는 매물은 대부분 시각적으로 강한 첫인상을 남긴다. 이렇듯 '보여지는 것'이 부동산 거래의 첫 문을 여는 열쇠가 되었다.

홈스테이징은 바로 이 지점에서 압도적인 경쟁력을 갖는다. 단순한 인테리어나 스타일링이 아닌, '클릭을 유도하기 위한 기획된 이미지 연출'이라는 점에서 마케팅 전략에 가깝다. 실제로 미국의 대형 부동산 플랫폼인 질로우(Zillow)나 리얼터닷컴(Realtor.com)에서는 홈스테이징된 매물이 그렇지 않은 매물보다 30% 이상 높은 클릭률, 50% 이상 빠른 거래 성사율을 보인다는 통계가 보고되고 있다. 이 수치는 단순히 집을 '예쁘게' 보이게 했기 때문이 아니다. 그것은 '콘텐츠로서의 매물'을 기획한 결과다.

이제 매물은 단순한 공간이 아니라, 소비자의 감정을 움직이는 콘텐츠가 되어야 한다. 공간은 더 이상 면적이나 방향으로 판단되지 않는다. 소비자는 공간의 분위기, 색감, 조명의 톤, 동선의 여유로움, 그리고 무엇보다도 '거기서 살아가는 상상'이 가능한지를 보고 클릭한다. 다시 말해, 홈스테이징은 단지 꾸미는 것이 아니라, 소비자의 감정을 흔드는 연출 전략이다.

이러한 전략은 중개사, 임대인, 투자자 누구에게나 필요한 '콘텐츠 기획'의 개념으로 확장되고 있다. 단지 집을 파는 것이 아니라, 그 집에서의 삶을 제안하고, 그 제안을 이미지로 구성하는 작업. 홈스테이징은 마치 브랜드 광고 캠페인처럼, 단계별 전략이 필요하다.

1단계 : '사진으로 주목도를 확보'
2단계 : '스타일링으로 감정을 유도'
3단계 : '동선과 공간 배치로 설득'
4단계 : '현장에서의 경험으로 신뢰를 구축'

이 과정을 모두 실행하려면 시간이 많이 들고 전문가의 감각이 필요하다고 생각할 수 있다. 그러나 지금은 AI 도구를 통해 이 전략을 누구나 쉽게 실현할 수 있는 시대다. 예를 들어, 미드저니(Midjourney)를 활용하면 특정 타깃에 맞는 스타일링 이미지를 생성할 수 있고, 룸GPT(RoomGPT)로는 실제 매물 사진을 기반으로 가상 인테리어나 이전과 이후(Before & After) 이미지를 손쉽게 연출할 수 있다. 이미지 제작이 처음인 사람도 몇 개의 키워드 입력만으로 '잘 팔리는 이미지'를 만들 수 있다.

더 나아가, 클릭률이 높은 이미지의 패턴을 분석해주는 AI 분석 서비스도 등장하고 있다. 어떤 배치가 더 주목받는지, 어떤 색상이 더 오래 소비자의 시선을 끄는지 데이터를 기반으로 판단할 수 있다. 이처럼 '감정 기반 설득'이 기술로 정량화되고 있다는 점은 홈스테이징 전략을 전환점으로 만들어 준다.

소비자는 이제 더 똑똑해졌고, 더 감각적이며, 더 빠르게 결정한다. 따라서 그들의 눈높이에 맞추는 전략이 필요하다. 단순히 좋은 집을 내놓는 것이 아니라, 좋은 이미지를 만들어내는 것. 그것이 클릭을 유도하고, 클릭이 방문으로 이어지고, 결국 계약으로 연결된다. 이 일련의 과정은 단순한 중개를 넘어, 브랜드 마케팅에 가깝다.

홈스테이징은 그 시작점이다. 소비자의 눈을 멈추게 하고, 감정을 흔들며, 상상을 설계해주는 힘이다. 그리고 지금은 누구나 이 전략을 AI와 함께 구현할 수 있다. 클릭에서 계약까지, 그 여정의 첫 장면을 기획하는 일이야말로 오늘날 부동산 재테크의 핵심이 되었다.

AI

DESIGN

2장

AI 기술과
부동산 디자인의 융합

“공간 기획의 새로운 언어가 시작된다”

1장에서 우리는 왜 지금 홈스테이징이 필요한지를 살펴보았다. 공간은 감정의 언어로 소비되고, 부동산 시장은 이제 ‘보여지는 것’을 중심으로 재편되고 있다. 그리고 그 핵심 전략으로 홈스테이징이 떠오르고 있다. 하지만 여기서 한 가지 질문이 남는다. ‘이 모든 흐름을 어떻게 더 빠르고, 더 똑똑하게 실현할 수 있을까?’

바로 그 해답이 AI다. AI는 단지 기술 그 자체가 아니다. 그것은 공간을 바라보는 방식, 소비자를 설득하는 언어, 그리고 부동산이나 공간 기획의 구조를 바꾸는 힘이다. 예전에 내가 인테리어 회사에 다닐 때 고객을 만나 상담을 한 후 고객이 원하는 공간의 컨셉을 찾기 위해 공간 기획을 하고 참고자료를 찾고 깊은 고민을 하던 시간이 일주일 정도의 시간이 걸렸다. 그러나 챗GPT, 제미나이 등 생성형 AI가 쏘아 올린 인공지능 시대에 우리는 한 문장을 입력하면 화면에는 이미지가 생성되고, 디자이너가 손으로 대충 그린 스케치도 멋진 렌더링 이미지로 만들어지는 또 다른 생활을 갖게 되었다. 이처럼 지금까지 사람의 손과 감각, 경험에 의존하던 공간 기획과 마케팅이 AI와 만나면서 완전히 새로운 방식으로 재편되고 있다.

게다가 우리는 이제 ‘디자이너의 감각’보다 ‘사용자의 데이터’를 기반으로 공간을 제안할 수 있고, ‘시간이 많이 걸리는 스타일링 작업’보다 ‘텍스트 한 줄로 이미지가 생성되는 환경’에서 일할 수 있게 되었다. 이는 단지 효율의 문제가 아니다. 공간을 어떻게 해석하고, 누구에게 어떤 감정을 전달할 것인가에 대한 본질적인 접근이 달라지고 있는 것이다.

이 장에서는 AI가 공간 디자인과 홈스테이징에 어떤 방식으로 영향을 미치고 있는지, 그리고 이 기술이 실제 현장에서 어떻게 활용되는지를 중심으로 이야기해 본다. 특히, 텍스트 기반 이미지 생성, 타깃 맞춤형 기획 전략, 시뮬레이션 기반 공간 연출까지, AI는 단지 ‘기술’이 아니라 ‘새로운 디자인 언어’로 작동하고 있음을 보여 주고자 한다.

텍스트가 공간을 만든다

바야흐로 텍스트가 공간을 만드는 시대가 왔다. 예전에는 공간을 기획하려면 손으로 그림을 그리고, 오토 캐드(auto CAD)로 가구 하나하나를 배치하고 스케치업(Sketck up) 등을 통해 시뮬레이션 해야 했다. 시간이 오래 걸리고, 전문가의 손을 거쳐야 했다. 그러나 지금은 다르다. 생성형 AI를 활용하여 비전문가도 전문가처럼 쉽게 좋은 결과물을 바로 만들 수 있게 되었다. 그것은 프롬프트(prompt)라는 단 하나의 문장, 즉 '무엇을 원한다'라는 텍스트의 지시어가 공간 디자인의 출발점으로 바뀌었기 때문이다.

이러한 변화는 단순히 기술적인 발전을 의미하지 않는다. 그것은 공간을 기획하는 방식, 디자인을 상상하는 방식, 그리고 소비자에게 제안하는 방식 자체를 뒤바꾸는 혁신이다. 여기서는 텍스트가 어떻게 공간을 만들어나가는지 시대변화에 대해 살펴본다.

❶ 텍스트 기반 디자인 : 누구나 디자이너가 되는 시대

미드저니(Midjourney)나 달리E(DALL·E) 등 텍스트 기반 이미지 생성형 AI는 이제 일반인도 '공간을 상상하고 구현하는 일'에 참여할 수 있도록 한다. 일반인이 머릿속에 있는 상상을 밖으로 끄집어내 표현하기란 참 어려웠다. 그러나 이제 생성형 AI를 사용하여 사용자가 "빈티지 스타일의 주방, 노란 조명과 타일 벽"이라고 입력하면 AI는 그에 맞는 이미지를 즉시 제안한다. 이 과정에서 필요한 것은 감각도, 툴 사용 능력도 아니다. 단지 '내가 원하는 공간'을 '단어로 설명하는 능력', 즉 '프롬프트' 작성력만 있으면 된다.

이처럼 AI와 함께하는 디자인은 '디자이너의 전유물'에서 '사용자의 참여형 프로세스'로 바뀌고 있다. 이는 곧 부동산 기획과 마케팅에도 큰 영향을 미친다. 개발자, 중개사, 투자자, 홈스타일링 전문가 누구든지 '텍스트'로 공간을 시뮬레이션하고, 콘텐츠로 활용할 수 있게 된 것이다.

❷ '말로 꾸민 집'을 파는 시대

텍스트는 단지 AI의 명령어가 아니다. 그것은 이제 디자인의 전략 언어이며, 마케팅의 감성 도구다.

예를 들어, "젊은 1인 가구 여성을 위한 북유럽 감성의 스튜디오"라는 문장을 입력하면, AI는 미니멀한 가구와 자연광 중심의 스타일링, 따뜻한 베이지 톤의 이미지로 공간을 구성한다. 여기에 추가로 "독서를 위한 코너, 간접조명, 라운드 형태의 가구"를 덧붙이면, 스타일은 더욱 구체화된다.

이처럼 프롬프트 하나로 공간을 설계하는 과정은 마치 시나리오를 쓰는 것과 같다. 타깃의 성격, 삶의 방식, 원하는 감정 상태를 고려해 문장을 구성하면, AI는 그것을 이미지로 바꿔준다. 다시 말해, 공간을 시각화하는 데 필요한 정보는 숫자가 아니라 '문장'이라는 뜻이다.

❸ 홈스테이징과 프롬프트 디자인의 만남

홈스테이징에서도 이 프롬프트 기반 디자인은 강력한 도구가 된다. 예전에는 스타일링 전문가가 직접 가구를 옮기고, 연출을 완성하고, 사진을 찍어야 했지만, 이제는 미리 이미지로 시뮬레이션하고 소비자의 반응을 예측할 수 있다.

예를 들어, 아래의 사진을 보면, 서울의 하이엔드 주택이지만 고급스러운 느낌보다 텅 빈집의 느낌만 감돈다. 그리고 그 외에 어떤 감정이 드는지 느껴지지 않는다.

빈집 풍경(before) : 기존 사진만 사용한 버전

그러나 여기에 텍스트를 기반으로 "따뜻한 노란색 톤의 패브릭 소파와 카펫을 혼합하고 답답하지 않은 투명한 소파테이블과 테이블 위에 놓일 꽃병을 두는 컨템포러리 스타일"이라고 입력하면, 아래의 그림과 같이 AI는 그에 맞는 몇 가지 스타일링 이미지를 생성한다. 이 이미지는 마케팅 콘텐츠로 바로 활용이 가능하며, 실제 스타일링 전에 '선제적 설득 도구'로 기능한다. 자, 여러분이 보기에 어떤가?

빈집의 AI 연출 제시 (출처: https://www.spacely.ai/)

더 나아가 이 과정을 반복하면서 소비자가 좋아하는 이미지 스타일의 패턴을 분석할 수도 있다. 어떤 프롬프트가 더 높은 클릭률

을 만들었는지, 어떤 톤의 이미지가 더 오래 머무르게 하는지를 데이터로 확인할 수 있는 시대가 온 것이다.

❹ 텍스트는 새로운 자산이다

이처럼 프롬프트는 이제 '공간을 만드는 코드'이자, '콘텐츠를 만드는 자산'이 되었다. 부동산 마케팅, 홈스타일링 제안서, 포트폴리오 구성, 디자인 교육 등 거의 모든 영역에서 '텍스트를 잘 쓰는 능력'이 곧 '공간을 제안할 수 있는 능력'으로 연결되고 있다.

과거에는 디자이너의 손끝이 공간을 만들었다면, 이제는 사용자의 문장이 그 일을 대신한다. 즉, 공간의 기획력이 말의 힘으로 이전되고 있는 셈이다. 프롬프트는 이미지와 감정을 연결하는 징검다리이자, AI 시대 부동산 실무의 새로운 언어다.

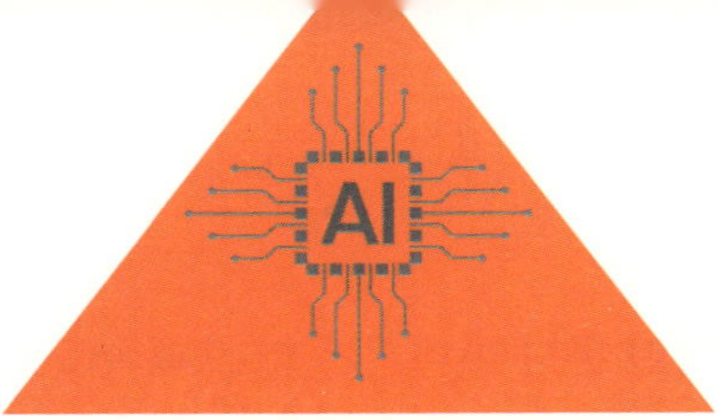

공간 기획부터 스타일 제안방식까지 바꾸는 AI

AI는 단순히 '이미지'를 만드는 기술이 아니다. 그것은 '기획 방식 자체'를 바꾸는 힘이다. 우리가 익숙하던 공간 디자인의 흐름—타깃 설정, 컨셉 도출, 공간 구성, 스타일링 제안서 작성, 시각화의 단계—이제 그 모든 과정에 AI가 개입한다. 특히 부동산과 홈스테이징 분야에서는 그 변화가 훨씬 빠르고 실용적이다. 감각보다는 실용, 창의보다는 전략이 우선되는 시장에서, AI는 '효율성과 설득력'을 동시에 충족시키는 강력한 도구이기 때문이다.

❶ 타깃 중심 설계, 감각이 아닌 '데이터'로 시작된다

이전까지 공간 기획은 대개 디자이너나 마케터의 직관에서 출발했다. "이 동네엔 30대 부부가 많을 테니, 패밀리 중심 스타일로 연출하자." 또는 "이 건물은 1인 가구 대상이니 북유럽 스타일이 잘 맞을 것 같아."라는 식의 감각 기반 설계였다. 하지만 이런 접근은 때로는 효과적이지만, 때로는 막연했다.

AI는 이 과정을 데이터 기반으로 바꿔준다. 사용자의 검색 이력, 거주지 정보, 클릭 패턴, 선호 색상, 구매 이력 등 다양한 생활 데이터를 기반으로 어떤 스타일이 설득력을 가질지를 예측해낸다. 예를 들어, 특정 연령대의 여성이 '창가 커튼이 있는 독서 공간'에 더 오랫동안 머문다든지, '우드+화이트톤의 조화'에 더 높은 클릭 반응을 보인다는 식이다.

이러한 정보를 활용하면 공간의 '외형'을 정하기 전부터 '누구에게 팔 것인가'가 구체화된다. 그리고 그에 맞는 스타일링, 사진 구성, 설명 문구까지 AI가 추천할 수 있다. 아래의 사진은 텅 비어있는 서울의 하이엔드 주택에 AI를 활용하여 스타일링을 한 것이다. 이는 공간 이용자에 따라 사진 구성이나 설명 문구를 달리하여 공간의 분위기에 변화를 줄 수 있다. 이처럼 AI는 스타일링 이전 단계인 공간 기획의 방향성부터 관여한다. 이것이 바로 기획 방식의 본질적 변화다.

AI 연출 집(after) (출처: https://www.spacely.ai/)

❷ 제안서 작성의 변화 '복잡한 설명보다 이미지가 설득에 탁월하다'

"백문이불여일견(百聞不如一見)"이라는 말이 있다. "백 번 듣는 것보다 한 번 보는 것이 낫다"라는 의미로, 직접 경험의 중요성을 강조하는 속담이다. 내가 학부 때 건축을 전공하면서 자주 들었던 말이다. 그러나 시대가 변화면서 요즘은 직접 가서 보는 것보다 인터넷의 가상공간에서 보는 것이 가성비에서 탁월하다고 느끼는 사람이 더 많아졌다. 시간의 효용성을 더 중요하게 느끼는 사람이 많아진 것이다.

부동산 상품이나 홈스테이징 프로젝트에서도 이제 직접 찾아가는 것보다 인터넷에서 이미지로 관심 있는 매물을 먼저 보고 판단하는 경우가 많아졌다. 그래서 이러한 이미지를 담는 제안서도 늘 핵심적인 커뮤니케이션 도구였다. 그런데 이 제안서를 구성하는 방식도 달라지고 있다. 예전에는 평면도, 컬러칩, 이미지 샘플 등을 수작업으로 정리했지만, 이제는 프롬프트 한 줄로 스타일링 이미지 10장을 뽑고, 그중 반응이 좋은 이미지를 중심으로 시나리오를 구성할 수 있다.

예를 들어, AI 도구를 이용하면 다음과 같은 흐름이 가능하다.

1. **공간 분석** : 기존 사진이나 도면 업로드
2. **타깃 설정** : 사용자층 선택 또는 데이터 기반 자동 추출
3. **프롬프트 작성** : "20대 싱글 여성 타깃/내추럴 톤/홈카페 감성/미니멀 가구 구성"
4. **이미지 생성** : 챗GPT(ChatGPT), 룸GPT(RoomGPT) 등에서 이

미지 자동 생성

5. **제안서 구성** : 생성된 이미지를 사용해 스타일링 기획서 자동 편집

결과적으로 '누구에게 어떤 삶의 이미지를 제안할 것인가'를 빠르게 시각화할 수 있고, 이 내용은 투자자 설득, 소비자 마케팅, 내부 협의 등 다양한 상황에서 실질적인 영향력을 발휘한다.

❸ 스타일 제안은 AI와의 협업으로

중요한 것은 AI가 '혼자서' 디자인을 완성하는 것이 아니라는 점이다. 오히려 홈스테이징 전문가나 디자이너와 함께 '협업'하면서 더 정교한 결과를 만들어낸다. 사용자는 자신의 경험과 직관을 기반으로 프롬프트를 설계하고, AI는 수십 가지 변형안을 제안한다. 그 결과물 중에서 가장 타깃에 부합하는 이미지를 선택해 나가는 방식이다.

이 과정에서 디자이너의 역할은 '창조'에서 '선택과 조정'으로 바뀐다. 이는 디자인 노동을 대체하는 것이 아니라, 반복적인 작업을 줄이고 더 전략적인 판단에 집중하게 만든다. 특히 한정된 예산과 시간 속에서 수십 건의 매물을 관리해야 하는 현업 중개사나 개발자에게는 효율성을 비약적으로 높여준다. 또한, 소비자 입장에서도 인테리어 디자이너에게 의뢰하지 않고 자신이 원하는 감정과 느낌으로 공간을 스타일링할 수 있어 더 편리해진 것이다.

같은 매물이더라도 '기존 사진만 사용한 버전'보다 'AI로 리디자

인한 홈스테이징 이미지 버전'을 삽입하여 공간의 활용에 대해 사전에 사용자가 이해할 수 있도록 하여 고객의 눈에 띄게 하는 것이다. 이제 부동산에서 스타일 제안은 감각의 문제가 아니라 '설득의 전략'이며, 그 중심에는 AI가 있다.

❹ 공간 제안 방식의 재정의

과거에는 "이 집, 한번 와서 보세요"가 부동산 마케팅의 전형적인 말이었다. 하지만 이제는 "이 이미지, 한번 상상해보세요"라는 방식으로 바뀌고 있다. 방문을 유도하기 이전에 '상상을 유도하는 이미지'가 필요하고, 그 이미지를 만드는 도구가 바로 AI다.

공간 기획이란 결국 누군가의 미래를 설득하는 일이다. 그리고 AI는 그 설득의 과정을 더 빠르고, 더 정확하고, 더 직관적으로 만들어준다. 감각을 대체하는 것이 아니라, 구조화하고 시각화하는 파트너가 되어가는 것이다.

다음 절에서는 이러한 변화가 단순히 '그럴듯한 이미지'를 넘어서, 실제 시뮬레이션 기반 맞춤형 설계로 진화하고 있는 흐름을 살펴본다. AI는 이제 '당신에게 딱 맞는 공간'을 제안하고, 그 제안을 데이터로 증명하려고 하고 있다. 그다음 장은 'AI 기반 맞춤형 홈스테이징 시뮬레이션'이다.

AI기반 맞춤형 홈스테이징 시뮬레이션 등장

이제는 단지 '보여주는 이미지'에서 끝나지 않는다. AI는 한 발 더 나아가 '당신에게 딱 맞는 공간'을 시뮬레이션하고, 데이터를 기반으로 그 이유까지 설명하려 한다. 홈스테이징은 단순히 공간을 예쁘게 꾸미는 기술이 아닌, 구매자의 성향과 감정에 최적화된 '맞춤형 설득 콘텐츠'로 진화하고 있다. 그리고 그 중심에는 AI 기반 시뮬레이션 기술이 있다.

❶ 맞춤형 공간 설계, '누구에게 팔 것인가'에서 시작된다

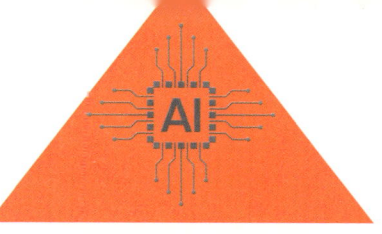

전통적인 홈스테이징은 대개 판매자(매도인, 투자자)의 입장에서 연출되었다. 예산, 시간, 가구 수급 조건 등을 고려해 '적당히 보기 좋게' 꾸미는 방식이었다. 하지만 오늘날의 소비자는 그런 방식에 쉽게 반응하지 않는다. 그들은 '나에게 맞는 공간'인지 여부를 판단한다. 즉, 설득의 주도권이 구매자에게 넘어온 것이다.

AI 기반 시뮬레이션은 이 소비자 중심의 사고방식을 실현한다. 예를 들어, 플랫폼에서 '1인 가구 + 30대 여성 + 반려동물과 거주 + 홈카페에 관심 있음'이라는 사용자 데이터를 기반으로, AI는 최적화된 홈스테이징 이미지를 자동 생성한다. 이 이미지에는 낮은 식탁 대신 바테이블이 있고, 쿠션이 많은 소파와 창가에는 고양이를 위한 쉼터가 포함된다. 공간은 달라지지 않았지만, '그 사람이 상상할 수 있는 장면'으로 탈바꿈된 것이다.

이러한 시뮬레이션은 더 이상 미래형 기술이 아니다. 이미 미국, 유럽, 일본의 AI 홈스테이징 플랫폼들은 이 서비스를 제공하고 있다.

❷ 구매자의 클릭 데이터로 공간을 개선하다

맞춤형 시뮬레이션의 핵심은 단지 이미지를 보여주는 것이 아니라, '피드백을 반영해 다시 제안할 수 있다'라는 데 있다. 예를 들어, 소비자가 스타일링 A, B, C 중에서 C 이미지를 가장 오래 보고, 그 이미지를 기반으로 문의를 넣었다면, AI는 C와 유사한 스타일의 이미지를 우선적으로 노출한다. 즉, 공간 디자인이 고정된 결과물이 아니라, 반응에 따라 계속 조정되는 '동적인 콘텐츠'가 되는 것이다.

이러한 구조는 단순히 미학적인 만족을 넘어, 실질적인 마케팅 효과로 이어진다. 매수자의 감정 흐름과 반응 데이터를 기반으로 반복 학습되는 공간은 그 자체가 하나의 '판매 전략 알고리즘'이 된다. 다시 말해, 홈스테이징은 감각의 시대를 지나, 학습과 최적화의 시대로 진입하고 있다.

❸ 홈스테이징, 이젠 '예측하고 최적화하는 전략'이다

홈스테이징의 개념이 완전히 바뀌고 있다. 과거에는 '보기 좋게 꾸미는 기술'이었다면, 이제는 '감정을 분석하고 설득하는 전략'이자, '구매 전환을 유도하는 기술'이며, '콘텐츠를 반복 최적화하는 알고리즘'이 되었다.

공간은 더 이상 '눈에 보이는 것'을 넘어서 '느낌을 조정하는 기술'로 확장되고 있다. 그리고 그 기술은 이제 우리 손안에 있다.

다음 장에서는, 이러한 기술 기반 변화들이 글로벌 시장에서 어떻게 반영되고 있는지를 살펴본다. 미국, 일본, 유럽에서의 홈스테이징 시장 흐름과 AI 활용 사례를 통해 한국형 전략의 인사이트를 발견하게 될 것이다.

DESIGN

3장

AI 시대, 글로벌 홈스테이징 시장의 오늘과 내일

"전략은 로컬에서 시작되고, 글로벌로 확장된다"

홈스테이징은 더 이상 '특정 국가의 사례'로만 설명할 수 없는 시장이 되었다. AI 기술이 접목되면서 국경의 장벽은 낮아지고, 누구든 전 세계의 서비스를 참고하거나 활용할 수 있는 환경이 조성되고 있다. 이런 흐름 속에서 해외 홈스테이징 기업들의 전략은 단순한 참고 사례를 넘어, 한국 시장의 방향성과 차별화 전략을 설계하는 데 중요한 인사이트가 된다. 특히 미국, 캐나다, 영국, 일본처럼 온라인 부동산 거래와 홈스테이징 문화가 함께 발달한 국가들의 움직임은 주목할 필요가 있다.

그렇다면 지금, 글로벌 홈스테이징 시장은 어떤 방향으로 가고 있을까? AI는 어떻게 실무에 도입되고 있고, 그 기술이 소비자 행동과 공간 설계 방식을 어떻게 바꾸고 있는가? 그리고 더 중요한 질문이 하나 있다. 이 변화들이 한국 시장에는 어떤 영향을 주고, 우리는 그 안에서 어떤 전략을 세워야 할까? 이 장에서는 그 질문에 답하기 위해 먼저 해외 주요 기업들의 AI 도입 사례를 살펴보고, 이후 한국 시장의 구조와 실무 관점에서 적용 가능한 시사점을 정리해보려 한다.

해외 홈스테이징 기업의 AI 도입 사례

홈스테이징은 미국에서 시작된 전략이다. 부동산 매물을 더 빨리, 더 비싸게 팔기 위한 마케팅 기법으로 등장했다. 그 이후 캐나다, 영국, 일본 등 여러 나라에서 시장이 형성되었고, 최근에는 AI 기술을 접목한 새로운 형태의 홈스테이징으로 진화하고 있다. 이 변화는 단지 연출 방식을 바꾸는 것이 아니다. 비용 구조, 업무 프로세스, 마케팅 전략 자체가 바뀌고 있다. 그리고 그 중심에는 '이미지 자동화', '데이터 기반 스타일링', '온라인 콘텐츠화'라는 키워드가 있다.

가장 대표적인 사례는 미국의 버쥬얼 스테이징AI(Virtual Staging AI)다. 이 기업은 기존 부동산 사진을 업로드하면, AI가 자동으로 가구를 배치하고 스타일링된 이미지를 생성하는 서비스를 제공한다.

버추얼스테이징AI(자료 https://www.virtualstagingai.app/)

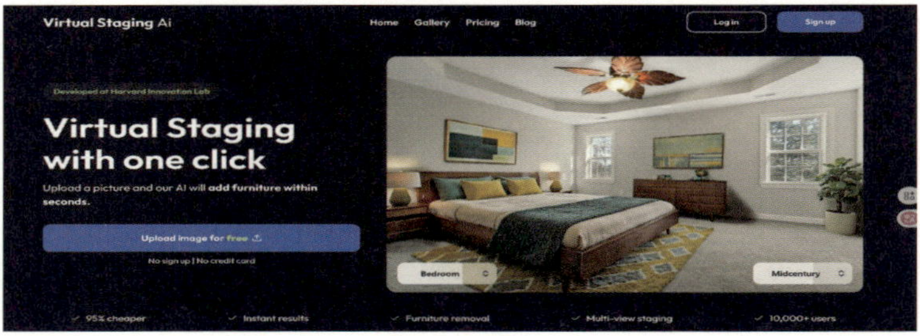

사용자는 원하는 스타일을 선택하거나, 간단한 설명만 입력하면 된다. 3분 내에 결과물이 도출되고, 클릭 몇 번으로 스타일을 변경할 수 있다. 이 플랫폼은 기존의 물리적 홈스테이징 대비 시간과 비용을 90% 이상 절감한다. 실제로 미국 내 중소형 공인중개사무소와 투자자들이 현장 연출 대신 이 서비스를 사용하는 사례가 급증하고 있다.

다음은 캐나다의 스타코(Stuccco virtual staging)도 주목할 만하다. 이들은 'AI 가상 인테리어'를 통해 비어 있는 공간뿐만 아니라 낡은 공간도 스타일링된 이미지로 변환해준다. 특히 렌탈 매물이나 리모델링 전 건물에 많이 활용된다. 스타코는 단순히 이미지를 제공하는 것에 그치지 않고, 소비자의 반응 데이터를 축적하고 분석해 가장 높은 전환율을 만든 스타일을 다시 추천하는 방식으로 서비스를 고도화하고 있다.

스타코AI(자료 https://stuccco.com/)

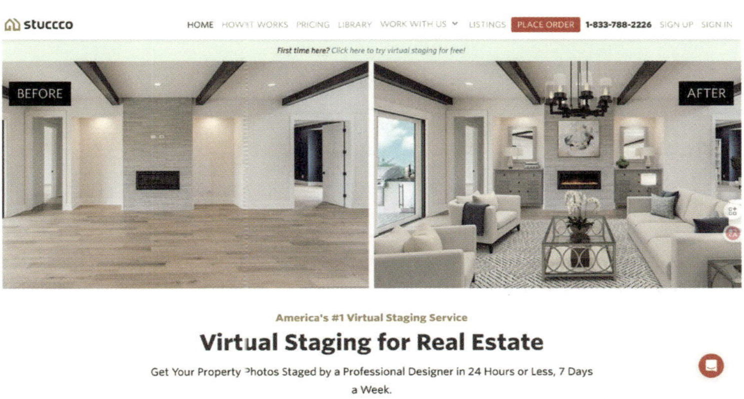

영국의 Revvis는 3D AI 스타일링에 집중하고 있다. 정면 이미지를 3D 모델로 변환한 뒤 사용자가 마우스를 클릭해 조명, 바닥재, 벽지, 가구 색상을 바꿔볼 수 있는 기능을 제공한다. 이러한 인터랙티브 방식은 특히 디지털 환경에 익숙한 Z세대 실수요자에게 높은 반응을 얻고 있다.

일본은 조금 다른 방향에서 AI를 활용하고 있다. 일본의 홈스테이징 기업들은 인테리어 전문성과 고객 맞춤 제안을 동시에 강조한다. 예를 들어, 레노브(Renoveru)는 고객의 라이프스타일 데이터를 기반으로 한 'AI 리노베이션 제안서'를 제작해 미리 꾸며진 이미지와 예상 공사비, 구매 동선까지 제공한다. 일본은 특히 1~2인 가구 대상의 임대 매물 시장이 커서 소형 평형대의 홈스테이징에 AI를 접목한 서비스가 빠르게 확산 중이다.

레노브AI(자료 https://www.renoveru.jp/corporate/en/)

이처럼 해외 홈스테이징 기업들은 기존 공간의 시각적 매력을 높이고, 고객이 '살고 싶은 장면'을 구체적으로 상상하게 하며, 실제 구매로 이어지도록 AI 기술을 적극 도입하고 있다.

그렇다면 이들의 공통점은 무엇일까?

첫째, 이미지 중심의 콘텐츠 전략이다. 어떤 공간이든 시각적으로 설득할 수 있다면, 물리적 연출은 필수가 아니다. AI는 감정적으로 반응할 수 있는 이미지를 빠르게 생성한다.

둘째, 데이터 기반 고객 설계다. 사용자의 성별, 연령, 가족 구성, 구매 이력 등 데이터를 기반으로 어떤 스타일을 보여줄지 결정한다. 과거에는 디자이너의 감각이 주도했다면, 지금은 고객 데이터가 스타일링 전략을 결정한다.

셋째, 시간과 비용의 최소화다. 몇 시간씩 촬영 세트를 꾸미고, 장비를 들여 설치하던 시대는 지났다. 이제는 클릭 몇 번으로 스타일을 바꾸고, 테스트하고, 반응을 측정한다.

넷째, AI를 전문가의 파트너로 활용한다는 점이다. AI는 인간을 대체하지 않는다. 전문가는 여전히 공간의 맥락을 읽고 고객을 설득해야 한다. 하지만 그 설득을 시각적으로 도와주는 도구로서 AI는 탁월한 힘을 발휘하고 있다.

이러한 사례들은 한국의 홈스테이징 시장에도 중요한 시사점을 던진다. 이미지 중심의 매물 경쟁이 치열해지는 지금, 국내 시장도 '감정 설계 + 기술 자동화'라는 두 가지 흐름을 받아들일 수밖에 없다. 다음 절에서는 이 변화가 한국 시장에 어떤 전략적 적용 가능성을 주는지 살펴본다.

한국의 홈스테이징 시장에 주는 인사이트

한국의 부동산 시장은 빠르게 온라인 중심으로 이동하고 있다. 대부분의 소비자는 오프라인 현장보다 먼저 플랫폼을 통해 매물을 접한다. 직방, 다방, 네이버부동산 등에서 수많은 매물 중 하나를 클릭하는 기준은 단순하다. 사진이 좋으면 클릭한다. 아니면 스킵된다. 문제는 여전히 많은 매물 이미지가 경쟁력을 갖추지 못한다는 점이다. 구도가 어색하거나 조명이 어두운 사진, 생활감이 그대로 드러나는 내부 모습은 좋은 입지나 조건조차 돋보이지 않게 만든다.

이런 흐름 속에서 홈스테이징은 분명히 필요한 전략이다. 하지만 한국 시장은 아직 홈스테이징을 비용으로만 인식하는 경우가 많다. 집을 팔기 전, 또는 임대에 나서기 전에 '굳이 돈을 들일 필요가 있나'라는 반응이 여전하다. 그러나 거래가 느려질수록 '보이는 경쟁력'은 더 중요해진다. 특히 공급 과잉 상태이거나, 입지 조건이 평이한 매물일수록 감정적 인상을 끌어올릴 수 있는 연출 전략이 실질적인 차별화 수단이 된다.

해외 사례에서 확인했듯이, AI 기반 홈스테이징은 이런 고민에 실질적인 대안을 제시한다.

첫째, 비용을 낮춘다. 물리적인 인테리어나 연출이 아니기 때문에 AI를 활용한 이미지 제작은 수십만 원 수준으로 가능하다. 과정도 간단하다. 사진을 업로드하고, 텍스트로 원하는 스타일을 입력하면 끝이다.

둘째, 타깃에 맞는 스타일을 제안할 수 있다. 30대 1인 여성, 신혼부부, 반려동물과 함께 사는 가족 등 타깃별로 선호하는 이미지 스타일이 분명히 다르다. AI는 이러한 취향 데이터를 분석해 최적화된 연출을 제안할 수 있다. 단순히 예쁘게 꾸미는 것이 아니라 '누구에게 팔 것인가'를 전제로 설계할 수 있는 것이다.

셋째, 콘텐츠화가 가능하다. AI 홈스테이징 이미지는 단지 매물 소개용 사진을 넘어 블로그, 인스타그램, 유튜브 등 다양한 채널의 마케팅 소재로 활용된다. 전통적인 중개 방식에서 벗어나 '브랜딩하는 중개사', '기획하는 임대인'으로 나아가기 위한 기반이 된다. 실제로 최근 국내 부동산 유튜버나 중개사무소 중에는 AI 홈스타일링 이미지를 활용해 콘텐츠를 제작하는 사례가 증가하고 있다. '이 집을 이렇게 꾸민다면?' 같은 콘텐츠는 조회수를 높이고 해당 매물의 관심도도 함께 끌어올린다.

넷째, 전문가와의 역할 분담이 가능하다. AI는 도구일 뿐이다. 어떤 프롬프트를 입력할지, 어떤 이미지를 선택할지, 그리고 어떤 흐름으로 소비자를 설득할지는 여전히 전문가의 몫이다. 그러나 반복되는 연출 시뮬레이션, 스타일 테스트, 콘텐츠 제작과 같은 작업은 AI가 보조함으로써 효율성을 높일 수 있다.

이러한 관점에서 한국형 홈스테이징 시장은 다음과 같은 방향으로 나아갈 수 있다.

첫째, 교육과 실습 중심의 AI 연출 훈련이 필요하다. 홈스테이징 실무자, 중개사, 임대인 등이 쉽게 AI 도구를 활용할 수 있도록 프롬프트 작성법, 시나리오 구성, 이미지 해석 훈련이 필요하다.

둘째, 콘텐츠 중심의 포트폴리오 구축이 요구된다. 이제 홈스테이징은 단지 실물 연출 사진만으로 평가되지 않는다. AI를 통해 다양한 스타일을 기획하고, 제안서를 구성하며, 마케팅 채널에 맞는 콘텐츠 포맷을 제작하는 능력이 경쟁력이 된다.

셋째, 홈스테이징 전문 기업과 중개 현장의 연결이 중요하다. AI 도구는 누구나 쓸 수 있지만, 그것을 실제 매물 전략에 연결하는 것은 또 다른 기술이다. 전문가는 기획과 방향을 제시하고, 현장은 그것을 유통하고 실행하는 구조가 필요하다. AI는 홈스테이징의 모든 문제를 해결해주지는 않는다. 하지만 '왜 꾸며야 하는가', '누구에게 어떻게 보여줄 것인가'를 더 명확하게 정의해 줄 수 있는 도구가 된다. 그리고 지금, 한국의 부동산 시장도 그 도구를 전략적으로 활용할 수 있는 전환점에 와 있다.

AI

2부

AI로 공간을 디자인하다

: 프롬프트에서 에이전트까지

1장

이미지를 만드는 언어 'AI 프롬프트 엔지니어링'

AI를 활용한 홈스테이징의 핵심 키, 프롬프트

홈스테이징에서 AI를 활용해 이미지를 만들고자 할 때, 가장 먼저 필요한 것이 바로 '프롬프트(Prompt)'라는 개념이다. 프롬프트란 인공지능에게 우리가 원하는 작업을 설명하는 '질문이자 명령문'이다. 어렵게 들릴 수도 있지만, 쉽게 말해 AI에게 "이런 느낌의 인테리어를 보여줘"라고 말하는 방식이다.

예를 들어, "따뜻하고 아늑한 북유럽풍 거실을 보여줘"라고 하면, AI는 그 문장을 이해하고 해당 분위기에 어울리는 이미지를 만들어낸다. 여기서 중요한 건 프롬프트의 '구성 방식'이다. 어떤 단어를 선택하고, 어떤 스타일을 강조하느냐에 따라 결과는 완전히 달라진다.

초보자는 종종 "AI가 내가 원하는 걸 제대로 이해할 수 있을까?"라는 생각을 한다. 하지만 AI는 우리가 입력한 문장에 아주 정직하게 반응한다. 사람이 추측하거나 감으로 이해하는 대신, 우리가 넣은 단어 그대로 반영한다. 그래서 프롬프트를 잘 쓰는 것이 AI 이미지를 잘 뽑아내는 가장 중요한 기술이다.

따라서 프롬프트는 인공지능에게 디자인 의도를 전달하는 '언어'다. 단순히 명령어가 아닌 우리가 생각하는 분위기, 감성, 스타일, 구조 등을 구체화하여 시각적 결과물로 변환시키는 중요한 도구다. 특히 홈스테이징에서는 집의 공간을 어떻게 보여줄지에 따라 매물의 인상이 결정되기 때문에, 프롬프트의 언어 구성은 곧 '마케팅 전략'이 된다.

이러한 프롬프트는 어떻게 다루어야 할까? 이에 대해 많이 막막해하는 사람이 있다. 이 책에서는 홈스테이징의 키 핵심인 프롬프트를 어떻게 잘 활용할 것인지에 대한 그 방법을 가르쳐 준다. 또한, 프롬프트는 '명령어'이자 '지시어'이기 때문에 명확할수록 좋다. 예를 들어, "햇볕이 드는 모던한 거실(modern living room with natural light)"보다 "소프트 베이지 톤과 연한 나무 바닥재와 흰색 벽 그리고 식물이 있는 밝고 모던한 거실(bright modern living room with soft beige tones, light wood floor, white walls, indoor plants)"이라고 작성하면 훨씬 구체적이고 디테일한 이미지를 얻을 수 있다. 이는 마치 인테리어 스타일 기획서를 쓰는 것과 비슷한 과정이다.

이 장에서는 AI에게 말을 거는 기본 원칙과 함께, 초보자가 따라 하기 쉬운 구조화된 예시를 통해 프롬프트에 대한 두려움을 없애고, 감각적이고 실용적인 문장을 만드는 방법을 익힌다. 아울러 프롬프트의 개념과 구조를 익히고, 초보자가 활용할 수 있는 예시를 함께 제시하며 실습을 통해 자신만의 언어를 만들어가는 과정에 집중한다.

프롬프트란?
AI에게 말을 거는 방법

프롬프트(prompt)는 라틴어로 '불러낸', '밖으로 드러난', '즉각적인'의 뜻을 지닌 '프롬프투스(promptus)'에서 유래하였다. 이는 '앞으로'의 접두사 'pro-'와 '꺼내다'의 'emere'에서 유래된 '프로메르(promere)'가 변화된 것이다. 이후 프롬프트는 연극에서 '배우에게 대사나 동작을 지시하는 행위'를 의미하는 용어로 사용되었다. 거대언어모델(Large Language Model, LLM)을 통해 학습된 오픈AI(OpenAI)의 챗GPT(ChatGPT)나 마이크로소프트(Microsoft)의 코파일럿(Copilot), 룸GPT(RoomGPT), 미드저니(Midjourney) 등 AI 분야에서 사용되는 프롬프트도 같은 맥락이다.

프롬프트의 개념(made by ChatGPT)

프롬프트의 일반적 의미로는 명사의 '어떤 행동이나 응답을 유도하는 지시어 또는 단서', 형용사로는 '즉각적인' 의미가 있다. 이와 같이 AI에서 사용하는 프롬프트는 '즉각적으로 반응을 얻기 위한 지시어'라고 할 수 있다.

"왜 AI는 프롬프트라는 용어를 사용했을까?"라는 의문을 던져보면 다음과 같다.

첫째, 프롬프트는 AI에게 '행동을 시작하게 하는 신호'이다. 연극에서 프롬프트는 배우에게 대사를 상기시키는 신호인 것처럼 마찬가지로 AI의 프롬프트는 "이제 말해보세요"라는 시작의 신호이다.

둘째, 프롬프트는 상호작용의 시작점이자, 지시문의 본질을 담고 있다. 프롬프트는 단순한 입력이 아니라 AI에게 수행할 역할, 톤, 형식, 목적을 전달하는 지시문이다.

셋째, 프롬프트는 출력 결과에 직접적인 영향을 주는 '설계 지점'이다. 그래서 '좋은 프롬프트'는 곧 '좋은 결과'를 의미한다.

이 책에서 프롬프트에 대해 비중 있게 다루는 것은 AI가 생성하는 응답의 품질이 프롬프트에 매우 민감하게 반응하기 때문이다.

프롬프트의 사전적 의미

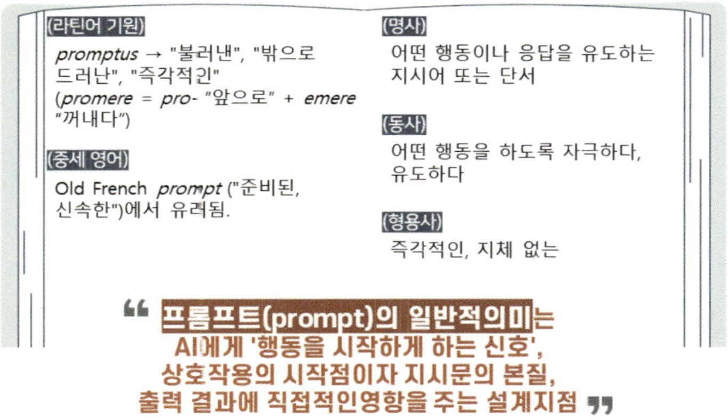

(라틴어 기원)
promptus → "불러낸", "밖으로 드러난", "즉각적인"
(promere = pro- "앞으로" + emere "꺼내다")
(중세 영어)
Old French prompt ("준비된, 신속한")에서 유래됨.
(명사)
어떤 행동이나 응답을 유도하는 지시어 또는 단서
(동사)
어떤 행동을 하도록 자극하다, 유도하다
(형용사)
즉각적인, 지체 없는
"프롬프트(prompt)의 일반적의미는
AI에게 '행동을 시작하게 하는 신호',
상호작용의 시작점이자 지시문의 본질,
출력 결과에 직접적인영향을 주는 설계지점"

또한 우리가 앞으로 다루게 될 챗GPT, 룸GPT, 미드저니 등의 생성형 AI는 "무대 위의 재능 있는 배우"와 같다. 프롬프트는 그 배우에게 주는 '대사, 역할 지시서 또는 감정 표현 가이드'이다. 여러분이 어떤 프롬프트를 주느냐에 따라 AI는 완전히 다른 스타일의 응답을 만들어낸다는 것을 명심해야 한다.

프롬프트는 AI에게 우리가 원하는 결과를 전달하는 '지시어'다. 텍스트로 입력된 문장은 인공지능에게 명확한 방향성을 제공하며, 그 결과가 이미지나 텍스트 콘텐츠로 생성될 수 있게 하는 출발점이 된다. AI는 인간처럼 직관으로 이해하지 못하기 때문에, 프롬프트는 가능한 구체적이고 구조적인 언어로 설계되어야 한다.

프롬프트는 AI에게 작업을 요청할 때 사용하는 문장 또는 질문이다. 쉽게 말해 "이렇게 해줘"라는 말이다. 프롬프트를 통해 사용자는 원하는 결과를 텍스트로 설명하고, AI는 그 문장을 해석해 이미지나 텍스트, 음악 등의 콘텐츠를 만들어 낸다.

아래의 그림과 같이 텍스트(text), 이미지(image), 스피치(speech) 등 인풋(input)으로 무엇을 질문하는지에 따라 텍스트, 오디오, 이미지 등의 아웃풋(output)으로 생성해 주는 것이 생성형 AI이며, 이때 문장이나 질문이 프롬프트이다.

생성형 AI의 개념도(그림, 장미정)

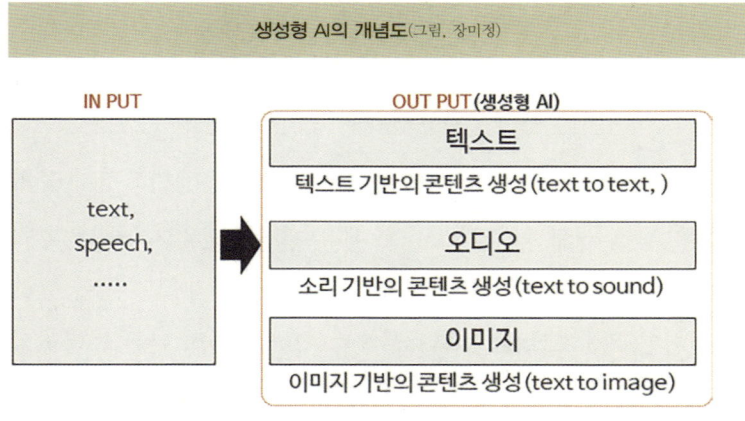

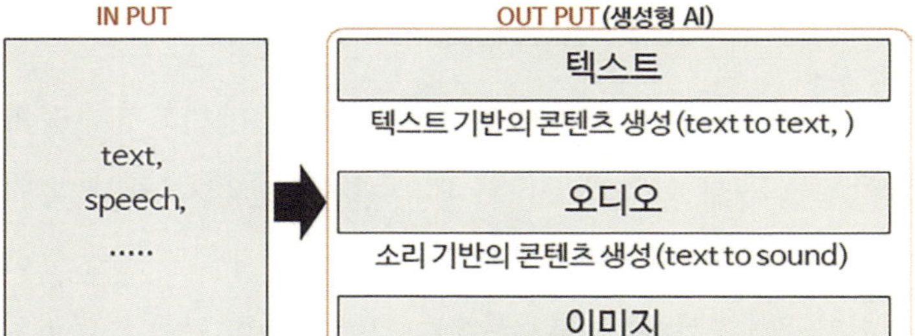

이런 프롬프트 개념은 '생성형 AI(Generative AI)'가 발전하면서 더욱 중요해졌다. 기존의 인공지능은 사람이 정해준 규칙 안에서만 작동했다면, 요즘의 AI는 데이터를 학습하고 이해하며 창작까지 한다. 이러한 변화는 '생성형 AI'라고 불리는 기술 덕분이다. 예를 들어, "자연 채광과 스칸디나비아 스타일의 가구로 꾸며진 아늑한 거실(A cozy living room with natural lighting and Scandinavian-style furniture)"이라는 문장을 입력하면, AI는 이 문장에서 핵심 키워드 '아늑한(cozy)', '자연채광(natural lighting)', '스칸디나비안 스타일 가구(Scandinavian-style furniture)'를 분석해 이미지를 생성한다. 이때 AI는 단어의 조합, 의미, 맥락까지 고려해 결과를 도출한다.

이제 AI는 '정답을 맞히는 AI'에서 '새로운 결과를 창조하는 AI'로 전환되고 있다. 아래의 그림과 같이 AI는 구글이나 네이버 등에서 내가 사고 싶은 물건의 이미지를 검색창에 업로드하면 이미지를 찾아주는 '지각형 AI(Perception AI)'에서 이미지를 음악이나 동영상, 텍스트 등 새로운 형태의 콘텐츠로 만들어 주는 '생성형 AI(Generative AI)'로 진화하고, AI가 자율적으로 판단하여 행동하는 '에이전트 AI(Agentic AI)' 시대까지 왔다. 앞으로 이러한 AI는 물리적 실체가 있는 로봇이나 자율주행차 등에 탑재되어 인간의 삶을 더욱 풍요롭게 만드는 '물리적 AI(Physical AI)'로 진화해 갈 것이다. 따라서 인공일반지능(Artificial general intelligence, AGI)시대로 진화해가는 과정에서 공통적으로 적용되는 '프롬프트'는 우리가 꼭 알아야 필수적인 요소이다.

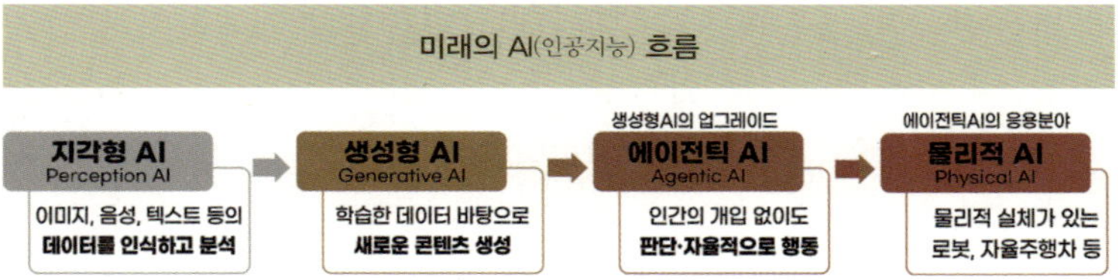

따라서 앞으로 AI는 홈스테이징처럼 '감성과 창의성이 요구되는 분야'에 매우 유용하게 활용될 것이다. 우리가 어떤 분위기, 어떤 느낌을 전달하느냐에 따라 AI가 만들어내는 결과물은 완전히 달라지기 때문이다. 홈스테이징에서 프롬프트는 단순한 명령문을 넘어선다. 그것은 '설득의 언어'이고, '이미지를 설계하는 기획문'이다. 예쁜 사진 한 장이 매물의 클릭률과 방문률을 바꾸는 시대에, 프롬프트 작성 능력은 곧 홈스테이징 전문가의 핵심 역량이 된다.

또한, 프롬프트는 인공지능에게 작업을 지시하는 '질문이자 명령'이다. 예를 들어, 우리가 "따뜻한 분위기의 북유럽풍 거실을 보여줘"라고 말하면, 챗GTP나 미드저니는 그 문장을 해석해 이미지로 바꿔준다. 여기서 핵심은 '프롬프트의 구성'이다. 단어 하나, 문장의 흐름, 강조하는 키워드에 따라 결과물은 전혀 다른 분위기로 표현된다.

초보자는 종종 "AI가 뭘 이해할 수 있을까?"라는 의심을 갖지만, 사실 AI는 사람보다 더 정직하게 반응한다. 어떤 표현을 넣는지,

어떤 키워드를 강조하는지가 곧 '디자인 언어'가 된다. 우리가 명심해야 할 것은 홈스테이징에서 프롬프트는 단순한 문장이 아니라, 스타일링 연출 기획서의 초안이 되는 언어라는 것이다.

프롬프트는 이미지의 설계도다

AI에게 프롬프트는 마치 건축가에게 설계도와 같다. 설계도 없이 건축이 시작될 수 없듯이, 프롬프트 없이 원하는 이미지를 얻을 수 없다. 특히 홈스테이징처럼 감성적이고 디테일한 연출이 중요한 분야에서 프롬프트의 구성 방식은 결과물의 품질을 좌우한다.

간단한 예를 들어보자. 아래의 그림과 같이, "모던한 거실(modern living room)"이라는 짧은 문장을 프롬프트로 입력하면, AI는 그 문장을 일반적이고 추상적으로 해석한다. 결과적으로 비슷비슷한 거실 이미지들이 만들어진다.

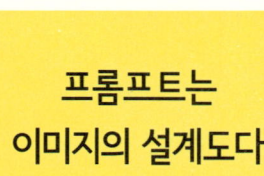

간단한 프롬프트와 생성 이미지

"모던한 거실(modern living room)" 이미지로 제시해줘.

이미지 생성됨

하지만 "나무 소재의 가구와 하얀색의 벽, 부드러운 조명, 편안한 분위기의 밝고 모던한 거실(bright modern living room with wooden furniture and white walls, soft lighting, cozy atmosphere)"이라고 작성하면 어떨까? 이 문장에는 '밝은 분위기', '목재 가구', '하얀 벽', '부드러운 조명', '아늑한 감성'이라는 시각적 요소들이 명확히 포함되어 있어, 훨씬 구체적이고 원하는 방향에 가까운 이미지가 생성된다.

시각적 요소들이 명확한 프롬프트와 생성 이미지

"나무소재의 가구와 하얀색의 벽, 부드러운 조명, 편안한 분위기의 밝고 모던한 거실(bright modern living room with wooden furniture and white walls, soft lighting, cozy atmosphere)"을 이미지로 제시해줘.

이미지 생성됨

이처럼 프롬프트는 단순히 단어의 나열이 아니라, 이미지의 모든 요소를 설계하는 도면이다. 우리가 원하는 재질, 톤, 색감, 구조, 구도, 심지어 조명의 방향과 질감까지도 문장 안에 포함할 수 있다. AI는 바로 그 문장을 기반으로 이미지를 그리기 때문에, 사용자가 얼마나 세밀하게 프롬프트를 구성하느냐에 따라 최종 결과물이 완전히 달라진다.

특히, 홈스테이징에서는 고객의 감성과 라이프스타일을 반영한 이미지가 필요하다. '가족 중심', '감성적인 1인 가구', '반려동물을 위한 공간' 등 다양한 상황별로 적절한 분위기와 스타일을 반영하려면, 프롬프트 역시 그만큼 세심하게 구성되어야 한다. 예를 들어, 아래의 그림과 같이 "아늑하고 깔끔하고, 파스텔 컬러 팔레트, 고양이 친화적 가구가 있는 30대 여성을 위한 아파트(apartment for a young woman in her 30s, cozy and tidy, pastel color palette, cat-friendly furniture)"와 같이 사용자 맞춤의 조건을 프롬프트에 담는 것이 필요하다.

고객의 감성과 라이프스타일이 반영된 프롬프트와 생성 이미지

"아늑하고 깔끔함, 파스텔 컬러 팔레트, 고양이 친화적 가구가 있는 30대 여성을 위한 아파트(apartment for a young woman in her 30s, cozy and tidy, pastel color palette, cat-friendly furniture)"를 이미지로 제시해주세요.

이미지 생성됨

이처럼 프롬프트는 AI 이미지 생성의 출발점이자 가장 중요한 설계도다. 뒤에서는 프롬프트를 어떻게 구성하고, 실제 홈스테이징 작업에 어떻게 활용할 수 있는지에 대해 더 구체적으로 다루게 될 것이다.

문장이 달라지는 구조 : 역할·맥락·제약

홈스테이징의 프롬프트는 일반적으로 다음과 같은 구조로 이루어진다.

- **공간명 + 스타일 + 재질 + 조명 + 색상 + 기타 특성 + 구도 및 렌더링 방식**
- **예시** : "미니멀 스타일 주방(minimalist kitchen), 흰색 대리석 주방상판(white marble countertop), 우드 캐비넷(wooden cabinet), 은은한 조명(ambient lighting), 아이소메트릭 뷰(isometric view : 천장(x), 벽(y), 바닥(z) 축이 모두 120°의 각도를 이루도록 투영된 그림)"

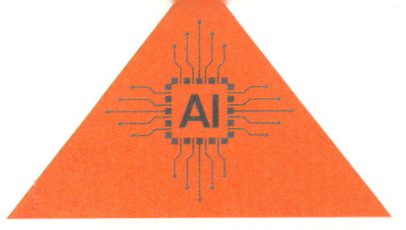

하나의 공간도 프롬프트를 어떻게 작성하느냐에 따라 전혀 다른 이미지가 탄생한다. 예를 들어, 다음 두 문장을 비교해보자.

- "자연광이 들어오는 모던한 거실(modern living room with natural light)"
- "따뜻한 원목 가구와 부드러운 조명이 돋보이는 아늑한 스칸디나비아 스타일의 거실(cozy scandinavian-style living room with warm wood furniture and soft lighting)"

첫 번째 문장은 깔끔하지만 추상적이다. 두 번째 문장은 디테일이 구체화되어 AI가 연출 요소를 정확히 반영한다. 이처럼 프롬프트는 스타일, 재질, 조명, 분위기, 색상, 구도 등을 포함할수록 원하는 이미지에 가까워진다.

특히 홈스테이징에서는 '팔리는 집'의 특징을 AI에게 알려줘야 한다. 예를 들어, "inviting, bright, minimalistic interior for small apartments"라고 하면, 좁은 공간을 넓게 보이게 하고, 생활감과 정돈된 이미지를 살리는 방향으로 이미지가 생성된다.

문장에 따라 달라지는 이미지 비교

"자연광이 들어오는 모던한 거실(modern living room with natural light)"
을 이미지로 그려주세요

이미지 생성됨

"따뜻한 원목 가구와 부드러운 조명이 돋보이는 아늑한 스칸디나비아 스타일의 거실(cozy scandinavian-style living room with warm wood furniture and soft lighting)"을 이미지로 그려주세요.

이미지 생성됨

홈스테이징에 맞는 키워드 추출법

"나만의 시그니처 프롬프트를 만들 수 있을까?"

처음 생성형 AI를 접하는 초보자는 주어진 템플릿을 활용하지만, 점차 자신의 스타일을 언어화할 수 있어야 한다. 반복 생성된 이미지들을 보며 '어떤 단어가 어떤 느낌을 만드는지' 피드백을 통해 감각을 키워야 한다. 자신만의 시그니처 프롬프트 패턴을 갖게 되면, AI도 브랜드의 일관된 스타일을 따라주는 창작 파트너가 된다.

이 책에서는 여러분들에게 AI를 활용하여 AI 홈스테이징 전문가로 성장하기 위한 방법들을 제시할 것이다. 그 중 꼭 기억해야 할 것은 "홈스테이징은 매매용이나 임대용이든 모두 고객에게 실내를 '살고 싶은 공간'으로 연출하는 작업이다"라는 것이다. 따라서 프롬프트에는 '따뜻한 분위기(cozy)', '실용성(practical)', '밝은 조명(bright lighting)' 등의 감성 키워드가 효과적이다. 또한, 구매 타깃이 누구인지에 따라 '가족 친화(family-friendly)', '싱글 여성(single woman)', '럭셔리 라이프스타일(luxury lifestyle)' 등 구체적인 용어를 넣는 것이 좋다.

DESIGN

2장

AI 에이전트가 바꾸는 디자인 워크 플로

AI에게 복합적인 업무 지시하기, AI 에이전트

우리는 앞서 1장에서 AI에게 말을 거는 방법, 즉 '프롬프트'라는 언어의 구조와 설계 방식을 배웠다. 프롬프트는 인간의 의도를 컴퓨터가 이해할 수 있는 문장으로 바꾸는 다리 역할을 하며, 이를 통해 이미지 생성, 스타일 제안, 키워드 추출 등의 일들을 수행해왔다. 하지만 이제 이 언어만으로는 부족하다. 우리가 AI에게 던져야 할 것은 더 이상 하나의 '명령'이 아니라, 일련의 과정을 이해하고 실행할 수 있는 '업무 흐름' 전체가 되었다.

이제 우리는 프롬프트를 넘어 AI에게 '일'을 시켜야 한다. 단순히 "따뜻한 거실 이미지를 만들어줘"라는 지시를 넘어서, "이 고객은 이런 취향이니까, 이런 스타일의 이미지를 만들고, 그에 맞는 텍스트 설명을 구성한 후, 제안서에 정리해줘"라는 복합적인 업무 지시를 할 수 있어야 한다. 그 역할을 해내는 존재가 바로 AI 에이전트(AI Agent)다.

AI 에이전트란 사용자의 목표를 중심으로 스스로 업무를 계획하고, 다양한 AI 도구와 연동해 작업을 순차적으로 수행하며, 중간중간 검토와 수정을 거쳐 완성도 높은 결과를 도출하는 자율형 AI 시스템이다. 예전에는 우리가 단계별로 각각의 작업을 수행해야 했다면, 이제는 AI 에이전트가 '전체 흐름'을 이해하고, 알아서 처리해주는 방식으로 진화하고 있다.

예를 들어, 홈스테이징 현장에서 고객이 "따뜻하고 감성적인 신혼부부 거실을 제안해달라"라고 요청한다면, 이제는 다음과 같은 시나리오가 가능해진다.

① 챗GPT(ChatGPT) 기반 에이전트가 고객의 라이프스타일을 분석해 페르소나를 정리

② 미드저니(Midjourney)나 룸GPT(RoomGPT)를 호출해 적합한 이미지를 생성

③ 캔바(Canva)나 파워포인트(PowerPoint)로 자동 제안서를 완성

④ 마지막으로 사용자에게 "수정이 필요한가요?"라는 질문까지 던져 피드백을 요청

이처럼 AI 에이전트는 단순한 도우미가 아닌, 작업 전체를 기획하고 실행하는 동료이자 실무 파트너가 되어가고 있다. 특히 홈스테이징처럼 복합적인 의사결정과 감성적 판단이 요구되는 분야에서는 이 '에이전트 기반의 디자인 워크 플로'가 앞으로 실무의 핵심 프레임이 될 것이다.

이 장에서는 AI 에이전트의 개념을 기술 중심이 아닌 실무 중심의 관점에서 풀어보고, 홈스테이징 실무에 어떻게 적용할 수 있을지를 사례와 함께 자세히 다룬다. 단순한 툴의 나열이 아니라, 실제 내가 반복적으로 해왔던 디자인 작업이 어떻게 자동화되고, 어떤 부분에서 인간의 판단이 여전히 필요한지를 함께 살펴보는 것이 목표다.

공간을 설계하는 손 대신,
머리를 빌려주는 AI

홈스테이징에서 AI 에이전트를 활용한다는 것은 단순히 시간을 아끼는 일이 아니다. 이는 '사람이 생각하는 방식'을 기계가 대신 수행하게 되는 진화의 순간이다. 기존에는 스타일링 전문가가 고객의 요구를 듣고, 매물 상태를 파악하고, 이미지 도구를 활용해 스타일을 제안한 다음, 이를 바탕으로 제안서를 제작해야 했다. 그러나 이제 이 과정 대부분을 AI 에이전트가 자동으로 수행할 수 있게 되었다.

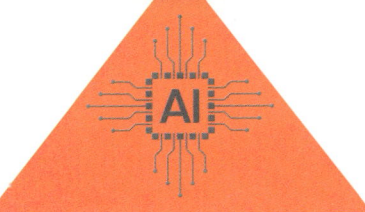

AI 에이전트는 단순한 명령 수행 도구가 아니다. 사용자가 제시한 목표를 중심으로 스스로 작업을 분해하고, 최적의 경로로 문제를 해결하는 디지털 파트너다. 기존의 챗봇이 "이거 해줘"라는 말에 한 가지 대답만 하던 반면, AI 에이전트는 "이걸 하려면 무엇부터 해야 할까?"라는 질문을 스스로 던지고 움직인다. 마치 숙련된 어시스턴트처럼 문제의 흐름을 예측하고 선제적으로 작업을 수행한다.

예를 들어보자. 한 사용자가 이렇게 요청한다고 가정하자.

"이번 주에 매물 사진을 촬영할 예정인데, 감성 스타일로 비포 앤 애프터(Before & After) 이미지를 구성해 제안서를 만들고 싶어요."

이때 AI 에이전트는 다음과 같은 사고 흐름을 가진다.

Step 1. 먼저 고객의 매물 특성과 고객 페르소나를 분석

Step 2. 그 다음 룸GPT(roomGPT), 미드저니(midjourney) 등을 통해 감성 스타일의 애프터(After) 이미지를 생성

Step 3. 이후 캔바를 열어 비포 앤 애프터(Before & After) 카드 슬라이드 제작

마지막으로 그 결과를 이메일로 전송하고, 피드백 여부를 묻는 메시지를 보낸다.

사용자의 요청은 단 한 문장이었지만, 이 문장 안에 숨겨진 수많은 작업들이 연쇄적으로 연결되어 하나의 '작업 루프'가 된다. 이것이 바로 AI 에이전트가 기존 생성형 AI와 다른 점이다. 단발성으로 이미지 하나를 만들어주는 것이 아니라, 복잡한 목적을 향해

다양한 도구를 연동하고, 순서를 계획하고, 결과를 검토하고, 다시 사용자와 상호작용하며 작업의 완성도를 높이는 것이다.

이 과정은 디자이너, 기획자, 콘텐츠 작성자, 스타일링 코디네이터, 고객 응대자 등 다양한 역할을 AI가 한 번에 수행하는 구조와 유사하다. 그래서 AI 에이전트는 하나의 역할이 아니라, 하나의 '팀'처럼 작동한다. 그리고 우리는 그 팀장으로서 목적을 정해주고, 최종 결정을 내려주면 되는 것이다.

이 장의 핵심은 단순한 기능 소개가 아니다. 이제 우리는 '내가 일하던 방식'을 근본적으로 되돌아봐야 한다. 내가 해야 했던 수많은 반복 작업이 사실은 AI에게 맡겨도 되는 영역일 수 있다는 사실이다. 그리고 남은 시간과 에너지는 더 창의적인 일, 더 전략적인 사고, 더 감성적인 제안에 쓸 수 있다는 가능성이다. 이것이야말로 지금 우리가 AI 에이전트를 홈스테이징에 도입해야 하는 진짜 이유다.

이제 말만 하면 된다
'디자인 체이닝시대'

집을 내놨는데 아무도 연락하지 않는다. 네이버 부동산에 올렸는데 조회수만 오르고 연락은 없고, 직방·다방·당근마켓에도 올렸지만 "관심 있음"만 눌리고 끝이다. 이런 상황, 정말 많이들 겪는다. 그렇다고 갑자기 가격을 확 낮출 수도 없다. 그런데 이런 고민을 조금만 다른 방식으로 접근하면 실마리가 생긴다.

"지금 이 집, 잘 보여지고 있는가?" 즉, "보여주는 방식을 바꾸는 것이 먼저다"

그래서 이제 디자인 체이닝(Design Chaining)이 필요한 시대가 되었다. 디자인 체이닝이란 하나의 문장이 여러 개의 작업으로 자동 분해되어 순차적으로 처리되는 AI 작업 흐름을 말한다. 예를 들어, "이 집을 30대 여성 직장인을 위한 감성 홈카페 스타일로 꾸며서 직방에 올릴 수 있게 비포 앤 애프터 이미지 만들어줘."라는 문장 하나로 AI는 매물 분석, 스타일 제안, 이미지 생성, 카드 구성, 문구 작성까지 자동으로 수행한다.

디자인 체이닝은 누구나 할 수 있는 작업 흐름 자동화이다. 다음은 실제 상황에서 적용 가능한 프롬프트 예시를 표로 제시한 것이다.

디자인체이닝을 위한 프롬프트 예시

상황	프롬프트 예시	결과
오래된 구축 아파트, 클릭 없음	20년 된 집인데 젊은 부부가 살 것처럼 꾸며줘	Before/After 이미지 자동 생성
원룸이 너무 좁아 보여서 안 팔림	좁은 공간인데 넓어 보이게 연출해줘	시야감 확보된 스타일 제안
당근마켓에 월세 내놓음	홈오피스용으로 깔끔하게 보여줘	깔끔한 가구 배치된 이미지 제공

"중요한 건 '보이는 방식'이 아니라, '보이게 만드는 전략'이다. AI 시대에는 '좋은 집'이 아니라 '잘 보이는 집'이 팔린다. 그리고 잘 보이는 집은 누가 시켜서 만드는 게 아니라, 말 한마디로 만들 수 있는 시대가 됐다. 이제는 전문가가 아닌 누구나 AI에게 프롬프트만 입력하면 스타일링 이미지, 문구, 콘텐츠까지 만들 수 있다.

자~, 그럼 이제 '손'이 아니라 '입'으로 디자인을 해보자. 여러분도 핸드폰을 열고 뒤에 나오는 내용들을 따라 입으로 말해보길 권

장한다.

예전에는 사진을 찍고, 스타일링하고, 문구 만들고, PPT까지 만들던 모든 과정이 이제는 한 문장으로 끝날 수 있다. 그 문장은 결국 "누구에게 어떤 삶의 이미지를 보여줄 것인가?"를 담고 있어야 한다.

예

- "혼자 사는 50대 남성을 위한 힐링과 편안함을 느낄 수 있는 공간 스타일로 바꿔줘."
- "고양이 키우는 사람에게 어울리는 집으로 연출해 줘."
- "햇살 좋은 느낌의 거실 이미지를 만들어줘."

이제는 당신이 가장 잘 아는 그 집을 누구보다 잘 보여줄 수 있는 사람이 될 수 있다.

대표 에이전트 도구 : 챗GPT 에이전트, 룸GPT

우리는 지금 '툴(tool)'이 아닌 '에이전트(agent)'를 다루고 있다. 이 차이는 단순한 기능을 넘어서 사고방식의 전환을 요구한다. 기존에는 우리가 하나하나 실행해야 했던 도구들을 이제는 AI가 순서에 맞춰 조율하고 실행한다. 이것은 단지 똑똑한 도구가 아니라, 스스로 판단하고 일을 처리해주는 디지털 파트너다. 여러분들도 자신의 부동산 매물을 부동산 플랫폼에 내놓기 위해 고민하고 있다면, 홈스테이징 실무에서 이 파트너들을 어떻게 활용할 수 있을지 고민해보자. 다음에는 요즘 전 세계적으로 많은 유저들을 가지고 있는 챗GPT의 에이전트와 공간디자인에 특화된 룸GPT에 대해 소개한다.

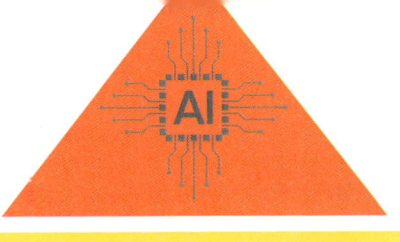

❶ ChatGPT Assistants : 대화형 비서 이상의 존재

아래의 그림은 대표적인 AI 에이전트 도구로, 오픈AI(OpenAI)의 '챗GPT 어시스턴트(ChatGPT Assistants)'이다. 챗GPT의 에이전트 모드는 유료버전이 있으나 무료버전에서도 사용할 수는 있다.

챗GPT 5버전

챗GPT 에이전트 모드

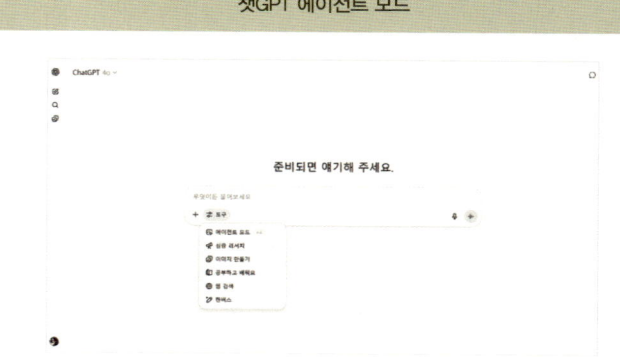

겉보기에는 일반 챗봇처럼 보이지만, 그 속에는 훨씬 정교한 워

크플로 구조가 담겨 있다. 사용자는 자신이 원하는 역할을 설정할 수 있다. 예를 들어, 챗GPT에이전트 모드에서 잘 안 나가는 매물이 있어 고민이라면, “용인시 수지구 죽전동 OO아파트 53평이 있어. 이 아파트 매물이 잘 나갈 수 있도록 고객 페르소나 분석, 키워드 추출, 홈스테이징을 위한 팁까지 일련의 흐름을 계획하고 수행해 줘”라고 입력해보자.

챗GPT 에이전트 모드의 프롬프트 입력

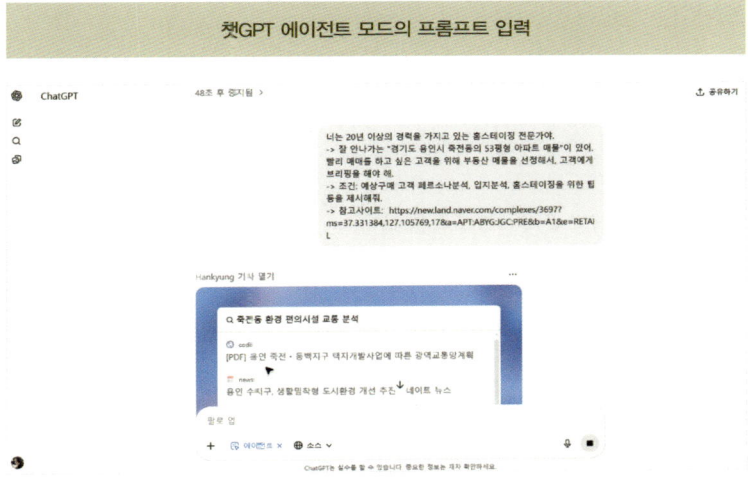

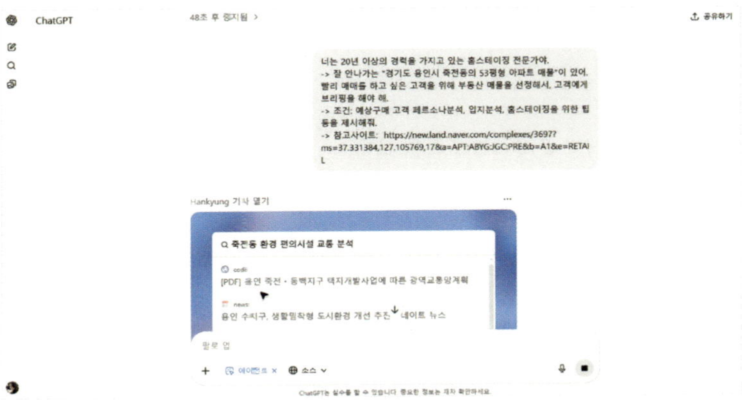

이 어시스턴트는 이미지 툴과 연계되거나 외부 지식까지 참조해 문장을 보완하기 때문에, 단지 “설명을 해주는 비서”가 아니라, 실질적으로 업무 일부를 대행하는 전문가 역할을 수행한다.

❷ RoomGPT와 Remodeled AI : 공간을 해석하고, 감정을 입히는 도구

집을 내놓기 전에, 또는 공인중개사에게 맡기기 전 단계에서 집 주인이 스스로 할 수 있는 가장 강력한 작업이 있다. 바로 '보여주는 방식'을 바꾸는 일이다. 이때 유용하게 쓸 수 있는 AI 도구가 룸GPT(RoomGPT)와 리모델드AI(Remodeled AI)이다. 이름은 낯설 수 있지만, 실제로 매물의 첫인상을 완전히 바꿔줄 수 있는 실전형 파트너다.

• RoomGPT : 같은 공간, 다른 이야기

룸GPT(https://www.roomgpt.io)는 당신이 찍은 집 사진 한 장을 분석해 다양한 스타일의 '애프터(After) 이미지'를 만들어준다. 모던, 내추럴, 북유럽, 미니멀 스타일 등 버튼 하나로 같은 공간이 전혀 다른 분위기로 변한다. 예를 들어, 1인 가구 원룸을 미니멀하고 수납이 좋은 구조로 바꿔 보여주거나, 가족형 아파트를 따뜻한 조명과 넓은 다이닝 공간으로 연출할 수 있다.

특히 부동산 중개사무소에 집을 내놓거나 간단한 리모델링을 위해 인테리어업자에게 디자인에 대해 상담하기 전에 유용하다. 또는 매물을 보러 오는 상대방에게 여러 스타일 버전을 한눈에 보여주면서 단순히 '공간'이 아니라 '그 안에서 살게 될 장면'을 상상하게 만들어 줄 수 있다. 실제 가구나 소품을 들이지 않아도, 클릭 한 번으로 매물의 감정을 높이는 연출이 가능하기에 가성비가 있어 탁월하다.

룸GPT 화면

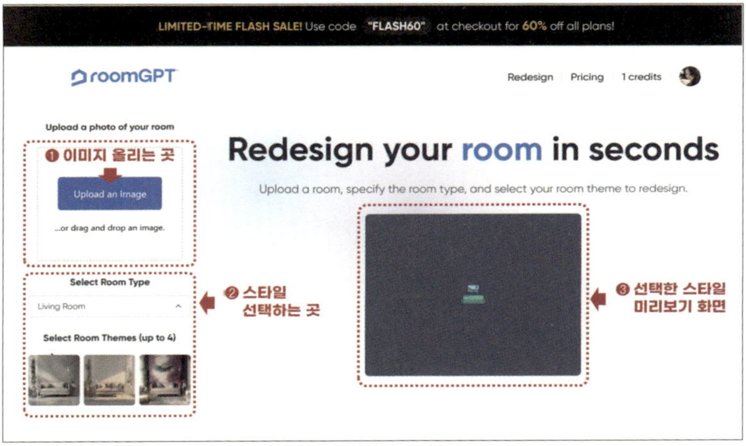

- Remodeled AI : 약점을 강점으로 바꾸는 연출가

리모델드AI(Remodeled AI(https://www.remodeled.ai)는 단순한 스타일 변환을 넘어, 사진 속 공간의 약점을 보완하는 데 강하다. 좁아 보이는 오피스텔을 넓게 보이게 만들고, 어두운 거실을 환하게, 창가 뷰를 시원하게 살린다. 'Before'와 'After'를 나란히 보여줬을 때 "이 집이 이렇게 변하네?"라는 감탄을 끌어내는 데 특화돼 있다.

이 도구는 특히 판매 전략에서 큰 힘을 발휘한다. 사람들은 변화를 보면 반응한다. 단순히 깨끗하게 정리된 모습이 아니라, 구조와 조명, 색감이 바뀌어 주는 '이야기 있는 이미지'에 마음이 움직인다.

리모델드 AI 화면

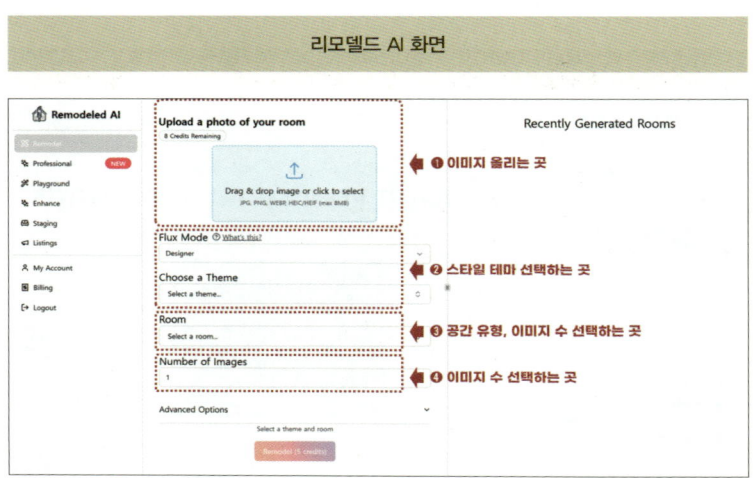

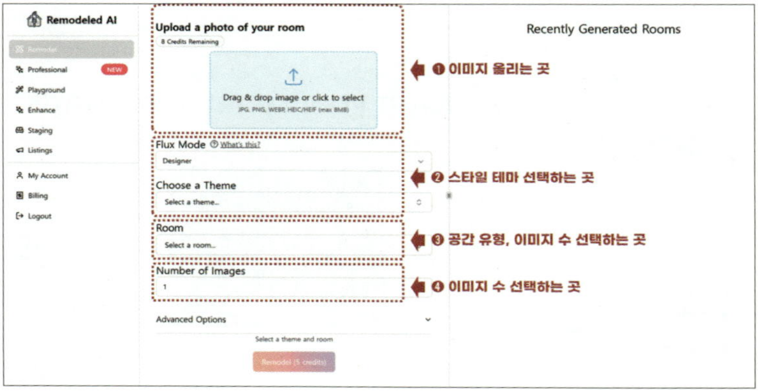

위의 두 도구 모두 챗GPT 어시스턴트(ChatGPT Assistants) 같은 AI 에이전트와 결합하면 더 강력해진다. 예를 들어, "이 거실을 30대 여성 직장인이 선호할 스타일 세 가지로 만들어줘"라고 한 줄 입력하면, AI 에이전트가 룸GPT(RoomGPT)로 여러 스타일 이미지를 만들고, 리모델드 AI(Remodeled AI)로 약점을 보정한 뒤, 캔바(Canva)에서 비포앤 애프터(Before & After) 카드까지 완성한다. 그 결과물은 직방·다방·네이버 부동산·당근마켓에 바로 올릴 수 있다.

실전 적용 흐름 예시

- **[단계 1]** 휴대폰으로 매물 주요 공간 촬영
- **[단계 2]** ChatGPT Assistants에 사진과 요청 문장 입력
- **[단계 3]** RoomGPT : 다양한 스타일 버전 생성
- **[단계 4]** Remodeled AI : 약점 보정 및 감정 요소 강화
- **[단계 5]** Canva : Before/After 카드 제작, 설명 문구 자동 생성
- **[단계 6]** 부동산 플랫폼 업로드

DESIGN

3장

이미지가 달라지는
마법의 홈스테이징 문장구조

팔리는 이미지를 만드는 문장구조를 알아보자!

"같은 집인데, 왜 어떤 사진은 문의가 폭주하고 어떤 사진은 묻히는 걸까?"

이 질문은 집을 팔아본 사람이라면, 혹은 집을 빌려준 경험이 있는 사람이라면 한 번쯤 해봤을 것이다. 가격을 내리는 것 말고는 방법이 없다고 생각할 때가 많다. 하지만 의외로, 해답은 가격표가 아니라 '사진을 만드는 문장' 속에 있다.

AI 시대의 홈스테이징은 손발로 가구를 옮기고 소품을 배치하는 일에서 시작하지 않는다. 우리가 AI에게 건네는 문장, 그 한 줄에서 모든 것이 결정된다. 같은 공간이라도, 어떤 단어를 쓰고 어떤 순서로 배치하는지에 따라 사진 속 분위기와 매물의 가치는 극적으로 달라진다. 예를 들어, "거실 사진을 꾸며줘"라고 입력했을 때 나오는 결과와 "거실, 스칸디나비아 스타일, 베이지색 패브릭 소파와 오크 원목 테이블, 따뜻한 조명과 아늑한 분위기, 와이드 샷 실내 사진(Living room, Scandinavian style, beige fabric sofa with oak wood table, warm lighting and cozy atmosphere, wide shot interior photograph)"이라고 입력했을 때 나오는 결과는 완전히 다르다. 첫 번째 문장은 그저 '거실 같은 이미지'를 주지만, 두 번째 문장은 그 집에 살고 싶은 장면을 만든다.

홈스테이징 문장은 매물의 스토리를 시각화하는 설계도다. 매물의 장점과 매력 포인트를 문장 속에 숨겨 넣으면, AI는 그 언어를 해석해 사진에 녹여낸다. 그 결과, 평범했던 공간이 매력적인 상품으로 변신한다.

이 장에서 다루는 것은 AI에게 "사진 예쁘게 만들어줘"라고 요청하는 법이 아니다. AI가 '팔리는 이미지'를 만들도록 설계하는 문장구조다. 당신이 직접 찍은 사진이라도, 이 문장구조로 AI에게 건네면, 그 순간부터 이미지는 클릭을 부르고, 클릭은 문의로, 문의는 계약으로 이어질 수 있다. 홈스테이징의 마법은 바로 여기서 시작된다. 언어가 이미지를 만들고, 이미지는 결과를 만든다.

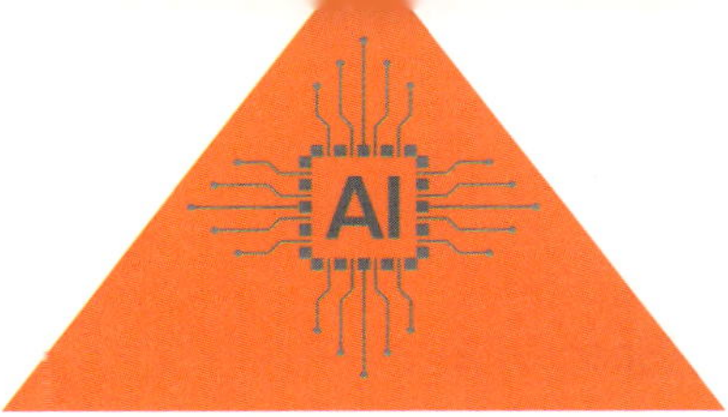

홈스테이징 전용 프롬프트 5대 구조

AI에게 이미지를 만들어 달라고 요청하는 문장은 단순한 명령이 아니다. 그 문장은 매물의 첫인상을 설계하는 설계도이다. 그러나 이러한 설계도가 부실하면, 아무리 AI가 성능이 좋아도 결과는 평범해진다. 홈스테이징 프롬프트도 단순히 '사진을 예쁘게 꾸미는' 문장이 아니라, '팔리는 이미지를 만드는' 전략 문장이어야 한다.

그래서 여러분은 "AI 프롬프트는 설계도와 같다"라는 명제를 가지고, 설계도가 단순하면 결과물도 평범해진다는 것을 기억해야 한다. 여기서 다루게 될 홈스테이징 전용 프롬프트는 매물의 매력을 극대화하도록 설계된 문장구조다.

이 구조는 다음 다섯 요소로 구성된다.

- **첫째, 공간 유형(Space Type)** : 어디인지부터 명확히 보여준다. 예를 들어, 거실, 주방, 침실 등 공간 용도를 먼저 지정한다. 그래서 프롬프트에는 "큰 창이 있는 거실(living room with large windows)"과 같이 현재 부동산 매물로 내놓으려는 대상 매물의 주요 공간을 먼저 선정한다.
- **둘째, 스타일 키워드(Style)** : 타깃의 취향을 반영한다. 스칸디나비안, 모던, 재팬디(Scandinavian, Modern, Japandi) 스타일 등 매물 성격과 타깃층에 맞추어 해당 부동산 매물에 올 주요 타깃을 대상으로 스타일 키워드를 제시한다. 예를 들어, 집에서 편안하고 힐링을 느끼고 싶은 고객을 위해 밝은 목재 가구가 있는 "스칸디나비안 스타일(Scandinavian style with light wood furniture)"을 선정한다.
- **셋째, 색상 및 재질(Color & Material)** : 질감과 분위기를 설계한다. 공간 유형과 그 공간의 메인 스타일이 정해지면, 가장 먼저 분위기를 결정짓는 색상과 재질을 정해야 한다. 베이지나 오크우드, 마블 대리석(beige, oak wood, marble) 등 감각적 요소를 좀 더 구체화시킨다. 예를 들어, "오크우드 테이블의 베이지색 패브릭 소파(beige fabric sofa with oak wood table)"를 선정한다.
- **넷째, 조명과 분위기(Lighting & Mood)** : 빛으로 감정을 만든다. 공간의 분위기를 만드는 중요한 요소로 조명이 있다. 그래서 자연광인지 인공광인지 분위기가 많이 달라지지만, 자연광을 기본으로 하여 제시하자. 자연광(natural lighting) 그리고 부드

러운 분위기(cozy atmosphere)의 부분조명 정도로 해서 감정 단어를 포함시킨다.

- **다섯째, 구도와 촬영방식(Composition & Camera Angle)** : 보는 각도를 결정한다. 예를 들어, 와이드(wide), 숏(shot), 아이소메트릭 뷰(isometric view) 등 시각 정보를 포함한다. 이를테면, "와이드 샷 실내 사진(wide shot interior photograph)"

이 다섯 가지를 한 줄로 조합하면, 평범한 공간도 매력적인 장면으로 변신한다.

예컨대, "거실, 스칸디나비아 스타일, 베이지색 패브릭 소파와 오크 원목 테이블, 따뜻한 조명과 아늑한 분위기, 와이드 샷 실내 사진(Living room, Scandinavian style, beige fabric sofa with oak wood table, warm lighting and cozy atmosphere, wide shot interior photograph)"과 같다.

공간 유형(Space Type)
: "어디인지부터 말하라"

AI가 이미지를 생성할 때 가장 먼저 묻는 질문은 "이 공간이 어디인가?"이다. 거실인지, 주방인지, 침실인지, 아니면 발코니나 서재인지조차 명확히 하지 않으면, AI는 그저 '평범한 실내 사진'을 그려낼 뿐이다. 홈스테이징에서 공간 유형을 정하는 일은 단순한 분류 작업이 아니라, 매물의 매력을 발굴하는 첫 단계이다.

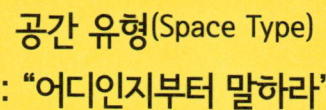

집을 팔거나 빌릴 때, 사람들은 자신이 가장 오래 머물게 될 공간을 우선적으로 본다. 가족 단위는 거실과 주방의 개방감을, 1인 가구는 침실과 작업공간의 활용도를 중시한다. 따라서 AI 프롬프트에 공간 유형을 명확히 지정하는 것은 그 매물의 '첫 화면'을 선택하는 것과 같다. 예를 들어, "거실"이라고만 입력하면 AI는 무난한 거실 이미지를 만든다. 하지만 "큰 창과 발코니 뷰가 있는 거실"이라고 하면, 그 순간부터 이야기가 달라진다. 이때 AI는 '거실'이라는 범주 안에서 큰방의 '개방감'과 '뷰'라는 요소를 강조하여 이미지를 재구성한다. 이 차이가 사진 클릭률과 매물 문의 건수를 결정짓는다.

다음은 공간 유형별 매력 포인트 찾는 방법이다.

공간 유형별 매력 포인트 찾기

- **거실**(Living Room) : 개방감, 창문 크기, 뷰, 가족이 모이는 분위기
- **주방**(Kitchen) : 동선, 수납공간, 아일랜드 테이블, 청결감
- **침실**(Bedroom) : 아늑함, 조명, 침구의 질감, 휴식 분위기
- **욕실**(Bathroom) : 밝기, 위생감, 고급 마감재
- **서재**(Study) : 집중감, 책장 배치, 작업 조명
- **발코니**(Balcony) : 전망, 활용도(가드닝, 휴식 공간 등)

다시 말해서, AI는 공간의 성격을 모르면 그럴듯한 이미지를 만들지 못하기 때문에 거실·주방·침실·현관·서재·욕실 등 공간의 용도를 먼저 지정하고 거기에 장점을 추가하는 것이다. 예를 들어, '거실'이라고만 하면 일반적인 거실이 나온다. 하지만 그 집의 장점인 '큰 창과 발코니 뷰가 있는 거실'을 장점으로 살려 프롬프트에 입력하면, AI는 '개방감'이라는 요소를 이미지에 반영하게 된다.

예 : 큰 창과 발코니 뷰가 있는 거실

(a living room with large windows and balcony view)

→ 거실임을 명확히 지정 + 장점 포인트(창가 뷰) 반영

다음은 위의 공간 유형별 매력 포인트를 찾고, 사진을 어떻게 수정할 것인지에 대한 예시이다.

비포 앤 애프터(Before & After) 비교 예시

- **비포(Before) 사진의 프롬프트 입력과 결과**

프롬프트 : "거실 사진"

→ 결과 : 가구 배치나 조명 연출이 없는 무난한 거실 이미지

- **애프터(After) 사진의 프롬프트 입력과 결과**

프롬프트 : "거실, 큰 창과 발코니 뷰, 모던 스타일, 밝은 자연광, 와이드 샷"

→ 결과 : 창문 너머 뷰와 채광이 강조된 세련된 거실 이미지

Before	After

【프롬프트】 거실 사진	【프롬프트】 거실, 큰 창과 발코니 뷰, 모던 스타일, 밝은 자연광, 와이드 샷

위의 내용들을 토대로 실전에 활용할 수 있는 팁을 제시한다.

실전 적용 팁

1. 공간 유형에 '핵심 특징' 추가하기

- "거실" → "발코니와 연결된 거실"
- "주방" → "아일랜드 테이블이 있는 주방"

2. 타깃층에 맞춘 공간 선택

- 신혼부부 : 넓은 거실과 주방 연결
- 1인 가구 : 침실과 작업공간 결합형

3. 사진의 '첫 장면' 역할로 활용

- 부동산 플랫폼 첫 사진은 해당 매물의 핵심 공간이 되어야 한다.

- 예 : 오션뷰 발코니, 대리석 아일랜드 주방

실전 적용 팁을 활용해서 실전 프롬프트를 따라 할 수 있도록 예시를 아래에 제시했다. 한번 여러분도 해보길 바란다.

실전 프롬프트 예시

- “거실, 큰 창과 발코니 뷰, 스칸디나비아 스타일, 밝은 자연광, 와이드 샷”
- “주방, 아일랜드 테이블, 모던 스타일, 화이트 & 우드 톤, 상부조명”
- “침실, 킹사이즈 침대, 부드러운 침구, 따뜻한 조명, 아늑한 분위기”

스타일 키워드
: "타깃의 취향을 반영하라"

스타일은 공간의 언어다. 같은 구조라도 스타일이 달라지면 전혀 다른 이야기를 한다. 예를 들어, 거실의 가구 배치는 그대로인데, 색감과 재질, 장식의 성격만 바꿔도 그 공간은 새로운 표정을 갖는다. 이처럼 AI 홈스테이징에서 스타일 키워드는 단순한 장식 취향이 아니라, 매물의 타깃을 사로잡는 심리적 코드이다.

또한 스타일은 '누구를 위한 집인가'를 말한다. 그래서 매물의 스타일을 정하는 첫 기준은 바로 타깃층을 선정하는 데 있다.

타깃층에 따른 스타일 키워드

- **신혼부부** : 세련되고 로맨틱한 모던·스칸디나비안 스타일
- **1인 가구** : 실용적이면서 개성이 드러나는 미니멀·인더

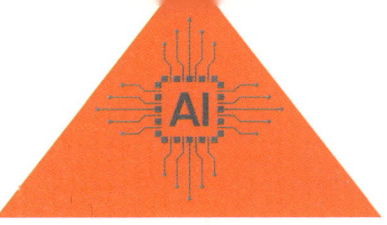

스트리얼 스타일

- **가족 단위** : 따뜻하고 안정감 있는 내추럴·클래식 스타일
- **고급 주택 수요자** : 고급 마감재를 활용한 컨템퍼러리·럭셔리 스타일

이처럼 AI에게 스타일 키워드를 지정하는 순간, 매물의 타깃층이 확정된다. 그리고 이때, 같은 평수의 아파트라도, '스칸디나비안(Scandinavian)'이라는 스타일의 키워드를 넣으면 화이트·우드 톤의 밝고 따뜻한 이미지가 AI에게 인식되고, '인더스트리얼(Industrial)'이라는 키워드를 넣으면 노출 콘크리트와 메탈 소재의 거칠지만 세련된 이미지가 만들어진다.

이렇게 잘 만들어진 스타일 키워드는 곧바로 매출과 상관관계를 갖게 된다. 그래서 홈스테이징 현장에서는 스타일 선택이 곧 매출로 이어지는 경우가 많다. 서울의 한 복층 오피스텔 매물은 원래 일반적인 모던 스타일로 텅 빈 상태로 촬영돼 있었다. 그러나 조회수는 있었지만 문의가 적었다. 이때 프롬프트를 'Modern classic style, light wood furniture, warm lighting'으로 바꿔 이미지를 다시 생성하자, SNS에서 "이 집에서 살고 싶다"라는 반응이 나오며 계약까지 이어졌다. 스타일 하나가 매물의 '클릭률→문의→계약' 흐름을 바꾼 셈이다.

다음은 여러분에게 추천하는 스타일 키워드와 특징을 아래에

소개한다.

스타일 키워드	특징	적합 타깃
Modern	깔끔·세련·심플	신혼부부, 1~2인 가구
Scandinavian	밝고 따뜻·우드 톤	신혼부부, 가족
Japandi	자연·미니멀·일본 +북유럽 감성	30~40대 감성 소비층
Minimal	간결·실용	1인 가구, 미니멀리스트
Industrial	노출 콘크리트·메탈·어두운 톤	20~30대 남성, 크리에이터
Classic	대칭 구조·전통 장식	고급 주택, 중장년층
Luxury/Contemporary	대리석·황동·고급 마감	고소득층, 세컨드 하우스 수요

위의 내용들을 토대로 비포앤 애프터 예시를 들어보면 다음과 같다.

비포 앤 애프터(Before & After) 예시

- **Before**

프롬프트 : "거실, 가구 배치, 조명"

→ 결과 : 무난하고 특징 없는 거실 이미지

- **After**

프롬프트 : "거실, 스칸디나비아 스타일(Scandinavian style), 밝은 원목 가구와 흰색 벽(light wood furniture and white walls), 따뜻

한 조명(warm lighting)"

→ 결과 : 화이트·우드 톤의 따뜻한 거실, 타깃층의 취향을 정확히 겨냥한 이미지

Before	After

【프롬프트】 거실, 가구 배치, 조명	【프롬프트】 거실, 스칸디나비아 스타일, 밝은 원목 가구와 흰색 벽, 따뜻한 조명

이러한 스타일 키워드를 선택할 때 몇 가지 알아두자.

첫째, 지역 시장 분석을 한다. 강남권 신축의 경우, 모던 럭셔리(Modern·Luxury) 스타일의 반응이 높다. 그리고 대학가·원룸 밀집 지역은 협소한 공간으로 군더더기가 없는 미니멀(Minimal) 스타일이나 인더스트리얼(Industrial) 스타일이 인기가 많다. 또한, 전원주택·세컨드 하우스는 토속적이고 아늑한 느낌의 컨트리 스타일(Country style)을 선호하는 경우도 많다.

둘째, 계절감을 반영한다. 여름 매물의 경우, 시원하고 밝은 색감의 지중해(Mediterranean) 스타일이나 겨울 매물의 경우, 따뜻하고

포근한 휘게(Hygge) 스타일이 낫다.

셋째, 플랫폼 특성을 고려한다. 네이버 부동산의 경우, 비교적 무난한 모던(Modern) 스타일이 반응이 좋고, 당근마켓이나 기타 SNS는 개성 있는 스타일이 노출 효과가 크다.

위의 내용들을 토대로 실전에 활용할 수 있는 팁을 제시한다.

실전 프롬프트 작성 예시

1. 거실 작성 예시
   - "거실, Modern style, white leather sofa, marble coffee table, natural lighting, wide shot"
2. 침실 작성 예시
   - "침실, Japandi style, light wood bed frame, linen bedding, warm lighting"
3. 주방 작성 예시
   - "주방, Minimal style, white cabinets, stainless steel countertop, bright atmosphere"

스타일은 매물의 표정을 바꾸는 메이크업이다. 잘 어울리는 스타일 키워드를 선택하면, AI가 만드는 이미지는 단순한 인테리어 사진이 아니라, 그 집에 살고 싶은 장면이 된다. 그리고 그 장면이 계약을 만든다.

색상과 재질(Color & Material)
: "질감과 분위기를 설계하라"

홈스테이징에서 색상과 재질은 공간의 '가격'을 바꾸는 비밀 무기다. 같은 구조라도 어떤 색을 쓰고 어떤 재질을 선택하느냐에 따라, 그 공간이 주는 인상은 완전히 달라진다. 따라서 AI 홈스테이징에서 색상과 재질을 프롬프트에 넣는 일은 단순한 꾸밈이 아니라 공간의 가치와 분위기를 설계하는 과정이다.

색상은 분위기의 온도다. 밝은 베이지와 화이트는 넓고 청량한 인상을 주고, 짙은 네이비나 그레이는 고급스러움과 차분함을 전달한다. 그리고 따뜻한 톤(베이지, 브라운, 테라코타)은 아늑함을, 차가운 톤(화이트, 블루, 민트)은 시원함을 준다. AI는 우리가 지정한 색 키워드를 그대로 이미지에 반영한다. 따라서 '어떤 감정을 줄 것인가'를 먼저 결정한 뒤 색을 선택하는 것이 좋다.

재질은 촉감을 시각화한다. 예를 들어, 대리석 상판 하나가 '럭

서리'를 말하고, 원목 바닥은 '안정감'을 전한다. 이때 패브릭 소파는 포근함을, 가죽 소파는 세련됨을 만든다. 그래서 우리가 프롬프트에 무엇을 키워드로 넣는지에 따라 AI는 재질 키워드가 들어간 프롬프트를 해석해 질감을 시각적으로 구현한다. 이때 명심해야 할 것은 사진 속 가구와 마감재가 '만져보고 싶은' 느낌을 주게 하고, 그 매물은 시선을 오래 붙잡게 만든다는 것이다.

색상 및 재질 조합 예시

색상	재질	연출 효과
Beige + Oak wood	Fabric, Linen	따뜻하고 내추럴한 거실
White + Marble	Leather, Metal	세련된 주방, 고급스러운 분위기
Sage green + Rattan	Cotton, Wood	편안하고 감성적인 침실
Charcoal grey + Glass	Steel	도시적이고 현대적인 서재

위의 내용들을 토대로 비포앤 애프터 예시를 들어보면 다음과 같다.

비포 앤 애프터(Before & After) 예시

■ **Before**

프롬프트 : "거실, 모던 스타일"

→ 결과 : 색감과 재질이 평범해 눈에 띄지 않는 공간

- **After**

프롬프트 : "거실, 모던 스타일, deep blue fabric sofa with round coffee table, warm lighting"

→ 결과 : 베이지·우드 톤이 만들어내는 따뜻하고 세련된 거실 이미지

Before	After

【프롬프트】: "거실, 모던 스타일"	【프롬프트】: "거실, 모던 스타일, 딥블루 쇼파 라운드 투명 유리테이블, 골드프레임 벽거울"

위의 내용들을 토대로 실전에 활용할 수 있는 프롬프트 예시를 제시한다.

실전 적용 팁

1. 타깃의 취향에 맞춘 색·재질 선택
   - **젊은 세대** : 화이트·우드, 라탄·코튼
   - **고급 주택** : 대리석·가죽·황동 포인트
2. 계절감 반영
   - **여름** : 화이트·블루, 린넨·코튼
   - **겨울** : 베이지·브라운, 울·벨벳
3. 색상 개수 제한
   - 2~3가지 색상 톤으로 통일하면 깔끔하고 고급스러움 유지

실전 프롬프트 작성 예시

1. 주방 작성예시
   - "주방, modern style, white marble countertop, black metal stools, bright lighting"
2. 침실 작성예시
   - "침실, Scandinavian style, sage green bedding, rattan headboard, soft lighting"
3. 서재 작성예시
   - "서재, industrial style, charcoal grey walls, steel bookshelf, warm desk lamp"

색상과 재질은 AI 이미지 속에서 '보이는 감정'을 만든다. 프롬프트에 이 요소를 넣는 순간, 평범한 공간은 이야기를 가진 장면으로 변한다. 그 장면이 바로, 사람들의 마음을 움직이는 홈스테이징의 핵심이다.

조명 & 분위기(Lighting & Mood) : "빛으로 감정을 만들라"

공간의 인상을 바꾸는 가장 빠른 방법은 빛이다. 가구를 옮기거나 벽지를 바꾸는 데는 시간이 걸리지만, 조명 하나만 바꿔도 사진 속 공간은 전혀 다른 표정을 짓는다. 이처럼 AI 홈스테이징에서도 조명은 가장 직관적이고 강력한 연출 도구다. 같은 거실이라도 '자연광(natural lighting)'이라는 단어를 넣으면 아침 햇살이 스며드는 청량한 이미지가 나오며, '따뜻한 조명(warm lighting)'이라고 입력하면 포근하고 안정감 있는 이미지가 나온다.

우리는 '빛이 만드는 감정 코드'를 이해해야 한다. 즉, 조명은 단순히 밝고 어두움의 문제가 아니다. 그 빛이 주는 온도, 그림자, 번짐의 정도가 보는 사람의 감정을 바꾼다.

- **자연광(Natural lighting)** : 상쾌함, 청결함, 개방감

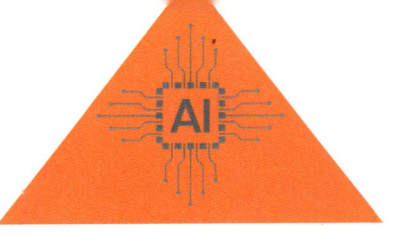

- **따뜻한 조명**(Warm lighting) : 포근함, 안정감, 환영받는 느낌
- **차가운 조명**(Cool lighting) : 집중, 세련됨, 시원함
- **간접조명**(Ambient/Indirect lighting) : 아늑함, 프라이빗한 분위기

이처럼 AI는 조명 키워드와 함께 '편안한(cozy)', '신선한(fresh)', '고용한(calm)' 같은 감정 단어를 읽고, 빛과 분위기를 결합한 이미지를 만들어낸다. 따라서 프롬프트에 조명과 분위기를 함께 넣는 것이 중요하다.

여기서 하나 더 기억해야 할 것은 시간대 역시 분위기를 바꾼다는 것이다.

- **아침햇살**(Morning light) : 상쾌하고 긍정적인 첫인상
- **해질녘 무렵의 빛**(Golden hour) : 따뜻하고 로맨틱한 분위기
- **저녁 식사를 하는 시간**(Evening time) : 아늑하고 편안한 이미지
- **야경**(Night view) : 세련되고 드라마틱한 연출

위의 내용들을 토대로 비포앤 애프터 예시를 들어보면 다음과 같다.

비포 앤 애프터(Before & After) 예시

■ **Before**

프롬프트 : "거실, 모던 스타일"

→ **결과** : 전체적으로 평범하고 단조로운 조명

■ **After**

프롬프트 : "거실, 모던 스타일, warm lighting, cozy atmosphere, evening time"

→ 결과 : 따뜻한 색감의 조명이 켜진 포근한 거실 이미지

Before	After

【프롬프트】 거실, 모던 스타일	【프롬프트】 거실, 모던 스타일, 따뜻한 조명, 편안한 분위기(warm lightning, cozy atmosphere, evening time)

실전 적용 팁

1. 타깃의 라이프스타일 반영

- **아침형 생활** : 자연광·화이트 톤 조명
- **저녁 휴식형** : 따뜻한 조명·간접조명

2. 조명과 색상·재질 조합

- **대리석 주방** : 밝고 차가운 조명으로 세련미 강조
- **우드 톤 거실** : 따뜻한 조명으로 아늑함 배가 됨

3. 프롬프트에 감정 단어 포함

- 단순히 'warm lighting'이 아니라 'warm lighting, cozy atmosphere'처럼 감정까지 지정

실전 프롬프트 작성 예시

1. 침실 작성예시

- "침실, Scandinavian style, linen bedding, warm lighting, cozy atmosphere, evening time"

2. 주방 작성예시

- "주방, modern style, marble countertop, bright natural lighting, fresh mood"

3. 거실 작성 예시

- “거실, Japandi style, light wood furniture, ambient lighting, calm atmosphere”

조명과 분위기는 매물 사진의 ‘숨결’이다. 그래서 프롬프트에서 이 요소를 빼면, AI는 그저 형식적인 공간 이미지를 만든다. 우리가 빛을 어떻게 설계하느냐에 따라, 사진 속 집은 하루의 시작을 맞이하는 공간이 될 수도 있고, 하루를 마무리하며 몸과 마음을 쉬게 하는 안식처가 될 수도 있다. 결국, 빛은 단순한 연출이 아니라, 그 집에서의 삶의 장면을 만드는 도구가 된다.

구도 & 촬영방식(Composition & Camera Angle) : "보는 각도를 결정하라"

같은 공간이라도 카메라가 서 있는 위치와 바라보는 각도에 따라 완전히 다른 집처럼 보인다. 여러분은 부동산 매물을 볼 때 어디를 먼저 보는가? 부동산 매물 사진을 볼 때, 대부분 어떤 사진은 넓고 개방감이 느껴지고, 어떤 사진은 답답함을 느낀다. 이 차이를 만드는 것은 '공간 자체'가 아니라 '보여주는 방식'이다.

AI 홈스테이징에서 구도와 촬영방식을 프롬프트에 포함시키면, AI는 단순히 가구를 배치하는 것을 넘어, 그 공간을 어떻게 보여줄지까지 설계한다.

구도가 바뀌면 부동산의 첫인상도 바뀐다.

첫째, 와이드샷(Wide shot)은 한 장에 공간 전체를 담아 개방감을 극대화한다. 아파트 거실이나 복층 오피스텔처럼 '넓다'는 인상을 주고 싶은 매물에 적합하다.

둘째, 아이소메트릭 뷰(Isometric view)는 위에서 비스듬히 내려다보는 각도로 입체감과 공간 배치를 한눈에 보여줄 수 있어, 인테리어 구조나 레이아웃을 강조할 때 유리하다.

셋째, 아이레벨(Eye-level shot)은 사람 눈높이에서 찍는 시선으로 실제 생활하는 듯한 자연스러운 몰입감을 준다.

넷째, 클로즈업(Close-up shot)은 특정 가구나 디테일을 부각한다. 그래서 고급 마감재나 장식품의 질감을 강조할 때 효과적이다.

촬영구도

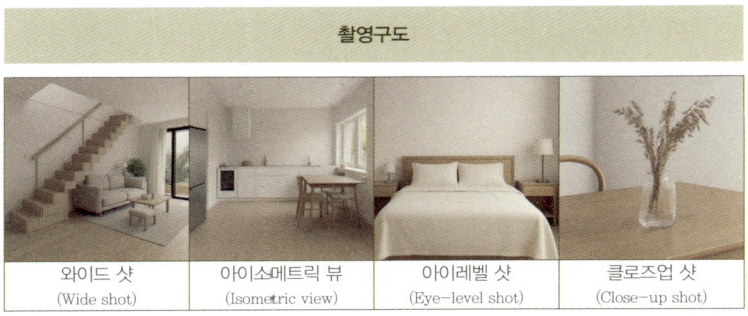

와이드 샷 (Wide shot)	아이소메트릭 뷰 (Isometric view)	아이레벨 샷 (Eye-level shot)	클로즈업 샷 (Close-up shot)

어떻게 하면, 좀 더 효과적으로 공간에 첫인상을 보여줄까? 그것은 AI 프롬프트에 구도·촬영방식을 넣어 보는 것이다. 프롬프트에서 구도와 촬영방식을 지정하면, AI는 장면을 '연출'한다. 예를 들어, "거실과 발코니 전체를 보여주는 와이드샷 실내 사진(wide shot interior photograph, showing entire living room and balcony)"을 프롬프트에 입력하여 '넓은 거실과 발코니까지 포함된 시원한 장면'으로 제시

한다. 또한 "오픈 플랜 주방과 식사 공간이 보이는 아이소메트릭 뷰(isometric view of open-plan kitchen and dining area)" 하면 '주방과 식탁 배치를 입체적으로 보여주는 장면'을 나타낸다. 위의 내용들을 토대로 비포앤 애프터 예시를 들어보면 다음과 같다.

비포 앤 애프터(Before & After) 예시

■ **Before**

프롬프트 : "거실, 모던 스타일"

→ **결과** : 공간 일부만 보이는 평범한 사진

■ **After**

프롬프트 : "거실, 모던 스타일, wide shot interior photograph, showing entire living room and balcony"

→ 결과 : 창문 뷰와 개방감을 강조한 거실 전체 이미지

Before	After

【프롬프트】 거실, 모던 스타일	【프롬프트】 거실, 모던 스타일, 와이드샷 인테리어 사진, 거실과 발코니 전체를 보여주는 장면

구도 선택 팁

1. 매물의 장점을 최대로 보여주는 각도 선택

- **넓은 평면 구조** : 와이드샷
- **특이한 구조·복층** : 아이소메트릭 뷰

2. 타깃의 시선 고려

- 실제 거주 상상을 유도하려면 아이레벨
- SNS 홍보용 포인트컷은 클로즈업

3. 다른 요소와 결합

- 구도는 [공간 유형] + [스타일] + [색상·재질] + [조명·분위기]와 함께 조합해야 효과가 극대화된다

이러한 요소들은 개별적으로 따로 쓰면 평범하지만, 함께 쓰면 더 강력해진다.

조합의 힘 = [공간 유형] + [스타일] + [색상 & 재질] + [조명 & 분위기] + [구도 & 촬영방식]

예 예시 문장 :

거실, 스칸디나비아 스타일, 베이지색 패브릭 소파와 오크 원목 테이블, 따뜻한 조명과 아늑한 분위기, 와이드 샷 실내 사

진
(Living room, Scandinavian style, beige fabric sofa with oak wood table, warm lighting and cozy atmosphere, wide shot interior photograph)

이를 활용하여 실제 매물에 활용해보자.

♣ 실전 프롬프트 작성 예시

1. 오피스텔 작성 예시

- "복층 오피스텔, Japandi style, light wood staircase, warm ambient lighting, isometric view"

2. 주방 작성 예시

- "주방, 주방, modern style, marble countertop, bright natural lighting, wide shot interior photograph"

3. 침실 작성 예시

- "침실, minimal style, white linen bedding, cozy atmosphere, eye-level shot"

구도와 촬영방식은 단순한 '사진 기법'이 아니다. 그것은 매물의 장점을 설계하고, 보는 사람이 머릿속에서 '이 집에서의 생활'을 그리게 만드는 장치다. 우리는 AI에게 이 정보를 주지 않으면, 이미지는 그저 예쁜 그림에 머문다. 하지만 구도와 촬영방식을 포함하면, 그 이미지는 살아있는 공간이 된다.

DESIGN

4장

홈스테이징을 위한 고급 프롬프트 엔지니어링 디자인

“사진 한 장이 계약을 바꾼다.”

집을 내놓을 때, 사람들은 종종 가격과 조건을 먼저 떠올린다. 하지만 플랫폼 화면 속에서 가장 먼저 눈에 들어오는 것은 숫자가 아니라 이미지다. 수많은 매물 목록 중 어떤 집은 클릭조차 되지 않고, 어떤 집은 조회수가 폭발적으로 오르는 이유가 바로 여기에 있다.

앞의 장에서 우리는 AI를 활용해 ‘좋아 보이는 사진’을 만드는 방법을 배웠다. 이제 한 단계 더 나아가야 한다. 단순히 ‘예쁜 사진’을 넘어 구매자나 임차인이 그 집을 꼭 보고 싶게 만드는 ‘전략적 이미지’를 설계하는 것이다. 이것이 바로 고급 프롬프트 엔지니어링의 영역이다.

프롬프트를 조금만 바꿔도 결과는 전혀 다르게 나온다. 같은 거실이라도 “거실, 모던 스타일, 낮 2시의 햇살”과 “거실, 내추럴 스타일, 저녁 무드등”은 전혀 다른 이야기를 한다. 한 장은 활동적이고 밝은 가족의 하루를, 다른 한 장은 고요하고 아늑한 휴식의 순간을 보여준다. 중요한 것은 내가 팔고자 하는 ‘이야기’를 이미지에 담는 것이다.

여기서 말하는 ‘고급’은 복잡한 기술 용어를 외우는 것이 아니다. 오히려, 매물의 특성과 타깃층을 명확히 하고, 그들에게 맞는 장면을 AI가 그려낼 수 있도록 정확하고 구체적으로 지시하는 것을 뜻한다. 예를 들어, 원룸을 찾는 20대 직장인에게는 ‘공간 활용도’와 ‘세련된 감각’이 강조된 이미지를, 가족 단위의 주택을 찾는 이에게는 ‘따뜻함’과 ‘안정감’을 담은 이미지를 보여줘야 한다.

이번 장에서는 그런 이미지를 만드는 실전 방법을 다룬다. 단순한 프롬프트가 아니라, 한 번의 지시로 AI가 매물의 매력을 극대화할 수 있도록 설계하는 방법이다. 이를 위해 몇 가지 고급 기법—단계적으로 사고를 연결하는 ‘연쇄적 사고법(Chain of Thought)’, 다양한 방향으로 아이디어를 확장하는 '나무적 사고법(Tree of Thought)', 그리고 장면의 분위기나 영역을 설정하는 '영역적 사고법(Zone of Thought)'—을 실제 홈스테이징 상황에 맞춰 적용한다.

이 장은 책 속의 이론이 아니라, 독자의 손에 바로 쓸 수 있는 도구가 될 것이다. 사진을 찍는 순간부터 플랫폼에 올리는 마지막 클릭까지, AI가 단순한 편집 도구가 아니라 판매 전략의 파트너가 되도록 설계하는 것. 그것이 4장의 목표다.

질문 설정 전략 : "어떻게 고급 질문을 할까?

AI가 더 똑똑해지면서 사용자는 어떻게 목적에 맞는 더 정확한 답을 얻을 것인가에 대한 고민이 생긴다. 필자 또한 AI를 접하면서 늘 들었던 고민이다. 여기서는 홈스테이징에 적합한 결과물을 얻기 위해 어떻게 AI에게 질문을 하고 좀 더 정확한 결과물을 얻을 것인가에 대한 첫 번째인 '질문을 설정'하는 방법을 제시한다.

첫 번째는 프롬프트에 질문하는 방식에 대한 것이라면, 두 번째는 풍부한 답변과 정확한 응답을 위한 예시와 추론 방식에 대한 것이다.

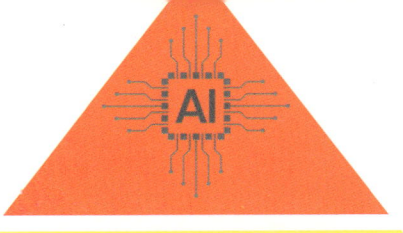

어떻게 질문하는지에 따른 질문법은 "한 번에 모든 것을 다 물어봐야 할지", "한 번에 하나씩 단계적으로 질문을 던져야 할지"에 따라 나뉜다. 이것은 하나의 프롬프트에 페르소나를 설정하여 특정한 조건과 제약사항 등을 한 번에 지시하는 방식과, 단계별로 프

롬프트에 질문을 주어 내용을 전개하는 방식이 있다.

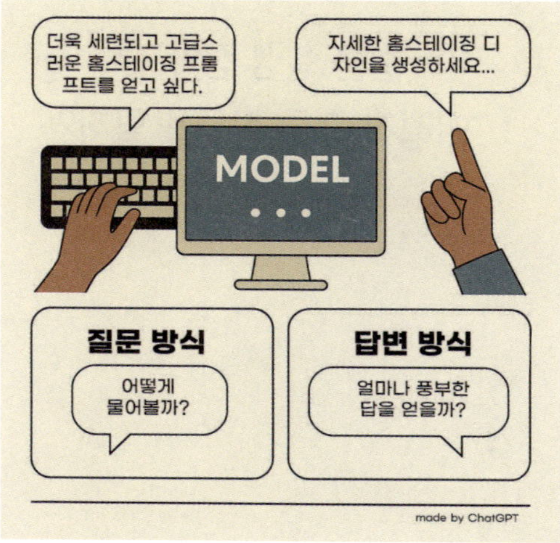

❶ 페르소나를 설정하여 '한 번에 질문하는 방식'

이는 페르소나를 설정하여 '한 번에 질문'하는 방식이다. 즉, 페르소나와 같이 가상의 특정 인물을 설명하여 질문하고자 하는 상황에 대해 최대한 상세하게 조건이나 제약사항들을 한 번에 질문을 주고 답을 얻는 방식이다. 이 방식은 인테리어 디자이너, 제품 디자이너 등 실무자들이 예상 고객을 타깃으로 할 때 특정고객을 페르소나로 설정하여 진행하는 방법과 같다. 홈스테이징에서도 해당 매물을 매매나 임대차 등 그 목적에 맞게 수요자를 특정하여 페르소나로 설정하면 편리하다.

이 방식은 처음 프롬프트에 역할, 목적, 배경, 요청사항 등을 한

꺼번에 압축해서 전달하는 방식이다. 이 방식의 특징은 한 번에 명확한 답을 얻고 싶을 때 유리하고, 빠른 테스트나 반복에 효과적이라는 점이다.

예를 들어, 아래와 같이 입력한다.

[프롬프트]

너는 지금부터 'AI 홈스테이징 전문가'야.

주요 역할은 60대 시니어 여성을 대상으로, 스타일리쉬한 제품을 활용해 '고급스럽고 세련되어 보이게' 홈스테이징할 인테리어 공간을 조언해주는 거야.

대상 공간은 80평형대 아파트의 거실이고, 필요한 가구 리스트와 색상 추천을 포함해줘.

이렇게 프롬프트에 입력하면, AI는 이 한 문장 안에 설정된 페르소나(AI 홈스테이징 전문가), 대상 타깃(60대 시니어 여성), 공간 유형(80평형대 아파트의 거실), 실행 항목(필요한 가구 리스트와 색상 추천) 등을 기반으로 바로 응답을 하게 된다.

❷ 점진적으로 '대화 질문을 늘려가는 방식'

AI는 결과를 만들어가는 양방향 소통방식을 취하기 때문에 우리가 어떤 질문을 어떤 단계를 거쳐서 하는지에 따라 풍부한 답을 얻을 수 있다. 따라서 점진적 대화 질문을 늘려가는 프롬프트 방식은 단계적으로 질문을 추가하며 역할을 설정할 수 있다. 이는 역할이나 상황을 점진적으로 설정하면서 대화형으로 AI에게 맥락을 쌓아주는 방식이다. 흔히 이 방식은 멀티 턴 프롬프팅(multi-turn prompting), 또는 프로그레시브 롤 프롬프팅(progressive role prompting, 점진적 역할 지시)이라고도 한다. 이는 "메시지 입력 → 전송 → 모델 응답" 과정에서 질문자가 여러 번 반복해서 이런 작업을 한다. 즉, 질문자가 프롬프트에 "역할 설정 → 질문 1 → 질문 2 …" 이런 흐름으로 AI의 인식 틀을 점점 구체화시키는 것이다.

이 방식의 특징은 복잡하거나 고도화된 작업일수록 효과적이다. 또한, 문맥을 더 자연스럽게 확장 가능하고, 사용자의 피드백을 바로바로 반영해 가면서 개선이 가능하다.

이 방식을 사용한 예시로는 다음과 같다.

■ **사용자의 [프롬프트]**

너는 지금부터 홈스테이징 컨설턴트야.

■ **[AI의 답변]**

알겠습니다. 어떤 공간의 홈스테이징을 도와드릴까요?

■ **사용자의 [프롬프트]**

20평대 아파트 거실을 고급스럽게 보이게 하고 싶어. 예산은 낮고, 대상은 30대 여성.

■ **[AI의 답변]**

그렇다면 고급스러움을 표현하면서도 경제적인 소재를 활용한 홈스테이징을 제안할게요.

이 방식은 질문을 하고 추가와 수정을 거듭하여 원하는 답변을 도출하는 방법을 제시한다. 이때 추가 요건, 역할부여, 사례추가의 3가지 요소를 적절히 활용한다.

한 번에 질문하는 방식과 단계적으로 역할을 부여하는 방식의 두 방식을 비교해 보면 아래의 표와 같다.

구분	어떻게 질문을 해야 할까?	
	한 번에 질문방식 (페르소나+콘텍스트 압축형)	단계별 역할 및 질문 부여방식 (역할/질문+콘텍스트 점진형)
장점	빠르고 효율적, 명확한 목적 지시	유연하고 깊이 있는 콘텍스트 생성
단점	복잡한 맥락 전달에 한계	시간/질문 추가 더 필요함
사용예시	제품 설명, 마케팅 문구, 블로그 생성 등	상담 시뮬레이션, 전략 설계, 긴 문서 생성 등
추천상황	단발성 응답, 테스트	워크 플로우 기반, 다중 조건 적용

홈스테이징에서는 한 번에 질문방식이나 단계적으로 역할부여 방식이나 둘 다 가능하다. 이는 각자의 용도와 상황에 따라 선택하거나 혼합해서 사용하는 것이 가장 효과적이다. 예를 들어, 처음에는 페르소나를 설정으로 시작하고, 이후 대화형 방식에 깊이 있는 질문을 추가하는 방식으로 할 수도 있다.

❸ 너, 나의 '역할 설정 방식'

인공지능 모델에는 3가지의 인칭기법(You, I, You&I 혼합)을 활용한다. 각각의 장단점을 살펴보면 다음과 같다.

- **첫째, "당신은 ○○○입니다"의 You 기법**

You 기법은 AI 언어모델이 '역할 지정'을 명확히 이해하기 위함이다. 챗GPT와 같은 언어모델은 대화를 할 때 "너(you)"로 역할을 지정받으면, 자신이 그 역할을 맡은 것처럼 행동하고 응답하게 된다.

예를 들어 보자.

[프롬프트]

너는 지금부터 홈스테이징 전문가야.

이 말을 들은 AI는 "아, 나는 지금 홈스테이징 전문가처럼 말해야 하는군"이라고 인식하게 된다. 또한, You 기법은 사용자 AI에게 지시를 하는 관계설정을 선명하게 전달해, 페르소나 설정에서 AI가 맡아야 할 역할이 명확해져 출력 품질이 높아진다.

- **둘째, "나는 ○○○입니다"의 I 기법**

I 기법은 사용자의 '현재 상황과 상태'를 설명하고, 거기에 맞는 제안을 부탁하는 구조이다. 현재 내 부동산 매물을 매매나 임대차

를 위해 홈스테이징해야 하는 경우, 이 부동산이 어떤 상태인지 사용자가 제일 잘 알기 때문에 I 기법도 효과적이다.

예를 들어 보자.

[프롬프트]

나는 30대 남성이야. 집안에서 업무를 겸하는 홈오피스 공간으로 만들려고 해. 공간의 컨셉을 제안해주세요.

You 기법과 I 기법의 비교

항목	You 기법	I 기법
프롬프트	"너는 ○○○이야"	"나는 ○○○이야"
AI 역할 지정	AI가 역할을 수행함	AI는 사용자의 맥락만 이해함
활용 목적	전문가 역할 설정, 콘텐츠 생성, 구조화된 응답	감성/개인화 응답, 정보 추천 등
예시	"너는 홈스테이징 전문가야."	"나는 홈스테이징을 배우고 싶은 사람이야."

- **셋째, "너는 ○○○이고, 나는 ○○○이야"의 You + I 혼합기법**

AI는 '너(You)'의 역할과 '나(I)'의 맥락을 동시에 이해하게 되어 더 정확하고 공감력 있는 결과를 생성하게 된다. 가장 이상적인 기법으로 두 가지 방식을 적절히 혼합하는 것이다.

예를 들어 보자.

[프롬프트]

나는 싱글 라이프를 꿈꾸는 20대 남성 직장인이야.

좁은 원룸을 감성적으로 꾸미고 싶어.

너는 홈스테이징 전문가야.

나에게 딱 맞는 스타일링을 제안해줘.

항목	작성 예시	설명
① 사용자 자기소개 (I는~)	나는 싱글 라이프를 꿈꾸는 20대 남성 직장인이야.	AI가 상황과 맥락을 이해하도록 사용자의 배경 설명
② 문제 또는 목적 설명	좁은 원룸을 감성적으로 꾸미고 싶어.	AI가 해결해야 할 핵심 이슈 제공
③ AI 역할 부여 (You는~)	너는 홈스테이징 전문가야. 좁은 공간을 넓어 보이게 스타일링하는 데 능숙해.	AI가 어떤 관점에서 응답할지 명확히 설정
④ 요청할 작업 (Task)	나에게 딱 맞는 스타일링을 제안해 줘. (원룸 구조에 맞춰 가구 배치, 색상 톤, 조명 배치, 스타일링 키워드를 제안해줘.)	원하는 출력의 구체적 내용
⑤ 출력 형식 지정	결과는 표 형식으로 정리해 줘. (예: 가구명/추천 이유/위치)	응답의 형태를 제한하거나 요구
⑥ 어조/스타일 요청	말투는 친근하고 감성적인 블로그 스타일로 작성해 줘.	AI가 응답할 문체/ 톤앤매너 가이드

역할·제약 설정 전략
: "어떤 조건을 줄까?"

AI에게 "이미지 하나 만들어줘"라고 말하면, 결과는 그저 그럴듯한 그림에 그치는 경우가 많다. 예쁘지만 매물의 매력을 살리지 못하거나, 타깃층과 맞지 않는 경우가 허다하다. 마치 아무 역할도 주지 않은 배우에게 "그냥 무대에 올라가서 연기해봐"라고 말하는 것과 같다.

하지만 이렇게 시작하면 이야기가 달라진다.

"당신은 10년 경력의 인테리어 디자이너이자, 부동산 매물 사진 전문 포토그래퍼입니다."

이 한 문장은 AI의 시선을 바꾸고, 내가 원하는 결과물에 더 가까운 이미지를 만들어낸다. AI는 단순한 생성기가 아니라, 특정한 시각과 경험을 가진 전문가로서 '연출'을 시작한다.

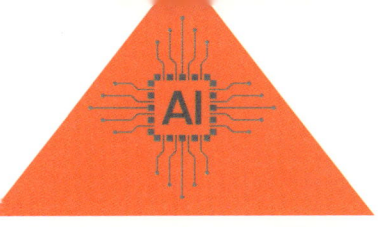

역할(Role) **지정**은 AI가 어떤 '관점'에서 이미지를 만들어야 하

는지를 결정하는 핵심 장치다. 예를 들어, '30대 여성 1인 가구를 위한 홈스테이징 전문가'라는 역할을 주면, AI는 공간의 사용성을 1인 생활 패턴에 맞추고, 그 나이대가 선호하는 색감과 소품, 가구 배치를 자동으로 고려한다.

그러나 역할만으로는 부족하다. 결과물의 완성도를 끌어올리려면 '**제약조건**(Constraints)'을 함께 설정해야 한다. 제약은 AI에게 "이건 절대 하지 말라" 또는 "이 부분은 반드시 지켜라"라는 규칙을 주는 것이다.

예를 들어 보자.

- **제약 1** : 사진 속에 불필요한 가구나 전선은 보이지 않게 한다.
- **제약 2** : 창밖 풍경은 흐리지 않고 선명하게 표현한다.

역할 · 제약	
역할(role)	"30대 여성 1인 가구를 위한 홈스테이징 전문가"
제약(Constraints)	"사진 속에 불필요한 가구나 전선은 보이지 않게, 창밖 풍경은 흐리지 않고 선명하게"

Before	After

단순한 거실 공간	타깃층과 매물 목적에 맞는 이미지

이 제약들은 단순히 미적인 완성도를 높이는 것이 아니라, 부동산 매물 사진의 신뢰도를 지키는 데 필수적이다. 온라인 플랫폼에서 흐릿한 창밖 풍경은 합성 이미지를 의심하게 만들고, 전선이나 불필요한 물건이 보이면 집이 좁아 보이거나 관리가 안 된 인상을 준다. 하지만 역할과 제약을 동시에 설정하면 AI는 '누구를 위해', '어떤 기준을 지키며', '무엇을 피해야 하는지'를 명확하게 이해한다. 예를 들어, 다음과 같은 문장의 지시 내용으로 AI에게 명령해 보자.

> "당신은 30대 여성 1인 가구를 위한 홈스테이징 전문가입니다. 사진 속 불필요한 가구와 전선은 제거하고, 창밖 풍경은 선명하게 표현해주세요. 공간은 모던 스타일로, 베이지 톤 패브릭 소파와 밝은 원목 테이블, 따뜻한 조명으로 연출해주세요."

이렇게 지시하면, 단순한 '거실 사진' 요청보다 훨씬 정교한 결과를 얻을 수 있다. 이 전략은 특히 공인중개사에게 의뢰하기 전 셀프로 사진을 만들어서 매물을 올리려는 사람에게 유용하다. 전문 장비나 포토샵 기술이 없어도, AI에게 명확히 역할과 제약을 부여하면, 플랫폼 경쟁 속에서 눈에 띄는 이미지를 만들 수 있다.

아래에는 쉽게 따라 할 수 있도록 실습 팁을 제시했다.

실습 팁

1. **누구를 위해**(역할) **: 타깃층을 최대한 구체적으로 적는다.** (예: 신혼부부, 반려동물 가족, 20대 자취생)
2. **무엇을 하지 말라**(제약) **: 방해되는 요소를 빼는 규칙을 만든다.** (예 : 전선, 생활 잡동사니, 어두운 그림자)
3. **무엇을 반드시 포함하라**(포인트) **: 매물의 장점이 드러나도록 한다.** (예 : 채광, 뷰, 공간감)
4. **구체적으로 작성하라 : 한 문장으로 끝내지 말고, 색상·재질·조명·구도를 함께 언급한다.**

구분	프롬프트 예시	특징/효과
단순 요청	"거실 사진"	AI가 일반적인 거실 이미지를 생성. 매물의 개성이 드러나지 않음.
역할만 지정	"당신은 10년 경력의 인테리어 디자이너입니다. 거실을 모던 스타일로 만들어주세요."	스타일 반영은 되지만, 디테일이나 매물 특화 요소는 부족.
제약만 지정	"거실, 불필요한 가구와 전선 제거, 창밖 풍경 선명하게"	방해 요소 제거에는 효과적이나, 전체 콘셉트가 불분명.
역할+제약 결합	"당신은 30대 여성 1인 가구를 위한 홈스테이징 전문가입니다. 불필요한 가구와 전선 제거, 창밖 풍경은 선명하게 표현, 모던 스타일, 베이지 패브릭 소파와 밝은 원목 테이블, 따뜻한 조명"	타깃층·스타일·세부 조건이 모두 반영된 맞춤형 이미지 생성 가능.

예시기반 프롬프트 튜닝
: "얼마나 정보를 주어야 할까?"

AI에게 원하는 이미지를 만들라고 지시하는 가장 단순한 방법은 단어로 설명하는 것이다. 하지만 말로만 전달하는 것에는 한계가 있다. "내추럴 스타일"이라고 말했을 때, 어떤 AI는 화이트와 우드톤을 떠올리지만, 다른 AI는 식물과 라탄 소재를 가득 넣을 수도 있다. 사람마다 '내추럴'이라는 단어를 다르게 해석하듯, AI 역시 단어만으로는 정확한 의도를 잡아내지 못할 수 있다.

이때 가장 강력한 보조 수단이 바로 '예시 이미지'다. 내가 원하는 결과물에 가까운 이미지를 AI에게 보여주면, 그 이미지를 분석해 색상, 질감, 구도, 조명을 반영하려 한다. 이 과정을 '프롬프트 튜닝(Prompt Tuning)'이라고 부른다.

프롬프트 튜닝에는 크게 제로 샷(Zero-shot), 원 샷(One-shot), 퓨 샷(Few-shot) 세 가지 방식이 있다.

첫째, 제로 샷(Zero-shot) 기법은 예시 없이 지시만 하는 방식이다. 예를 들어, "거실, 내추럴 스타일, 밝은 원목 가구, 따뜻한 조명"이라고 입력하는 방식이다. 이 방식은 빠르고 간단하지만, AI가 해석의 자유도가 너무 넓어 원하는 결과가 나오지 않을 가능성이 높다. 특히 공간 스타일이나 감정을 세밀하게 반영해야 하는 홈스테이징에서는 제한적이다.

실습 예시

■ **【Zero-shot 프롬프트】**

거실, 내추럴 스타일, 밝은 원목가구, 따뜻한 조명

→ **결과** : 색감과 소재는 반영되지만, 구도나 분위기가 기대와 다를 수 있음.

둘째, 원 샷(One-shot) 기법은 예시 이미지를 하나 제공하는 방식이다. 원 샷(One-shot)은 한 장의 예시 이미지를 업로드하고, "이 스타일로 만들어 달라"라고 지시하는 방법이다. 예를 들어, "이 이미지를 참고해서 같은 스타일로 침실을 만들어 주세요."라고 입력하는 방식이다. 이 방식은 AI가 색감, 소재, 배치 등 시각적 힌트를 한 번에 이해하게 만든다. 다만, 예시 한 장만으로는 다른 각도나 다른 공간에서 일관성을 유지하기 어렵다.

실습 예시

■ **【One-shot 프롬프트】**

이 이미지를 참고해 같은 스타일로 침실 이미지를 만들어 주세요.

→ 결과 : 색상과 질감은 비슷하지만, 각도와 배치가 예시와 다를 수 있음.

셋째. 퓨 샷(Few-shot) 기법은 2~3장의 예시 이미지를 제공하는 방식이다. 퓨샷(Few-shot)은 두세 장의 이미지를 제공해 AI가 '공통 스타일'을 학습하도록 하는 방법이다. 예를 들어, "이 사진 3장과 동일한 분위기로 주방 이미지를 만들어 주세요."라고 프롬프트에 입력하는 방식이다. 이 방식은 일관성 있는 결과물을 만드는 데 가장 효과적이다. AI가 색상 톤, 질감, 조명, 구도뿐 아니라 '분위기의 흐름'까지 파악해 다른 공간에도 적용할 수 있다.

실습 예시

【Few-shot 프롬프트】

이 사진 3장과 동일한 분위기로 주방 이미지를 만들어 주세요.

→ **결과** : 색상, 조명, 질감, 구도가 일관된 이미지 완성

그렇다면, 왜 퓨 샷(Few-shot)이 강력한가? 퓨 샷(Few-shot)의

장점은 단순히 참고자료가 많아서가 아니다. AI는 여러 이미지를 비교·분석해 '공통된 특징'을 뽑아낸다. 예를 들어, 세 장의 예시 사진이 모두 밝은 자연광, 베이지 톤 패브릭, 간결한 가구 배치를 가지고 있다면, AI는 이를 핵심 요소로 인식하고 새로운 이미지에 적용한다. 이렇게 하면 거실, 침실, 주방 모두 같은 컨셉의 스타일로 완성할 수 있다. 나도 현장에서 고객에게 간단한 공간의 분위기를 손으로 스케치해서 AI에게 "이런 스타일로 이미지를 제시해주세요"라고 말을 걸면 풍부한 이미지의 색감과 재질, 사진 각도까지 내가 원하는 스타일로 만들어서 주기 때문에 전문용어가 잘 생각이 나지 않거나 적절한 이미지를 찾기 어려울 때 냅킨에 그린 손 스케치를 사진으로 찍어 AI에게 준 적도 많다. 여러분도 한번 퓨샷 방법을 적극 활용해 보기 바란다.

그러나 실전에 적용할 때 몇 가지 유의해야 할 점이 있다. 이것만 기억해두자.

실전 적용 시 유의점

1. 예시는 매물과 구조가 비슷한 사진을 선택한다 : 좁은 오피스텔 사진을 참고로 넣고 넓은 단독주택 이미지를 만들면 어색한 비율이 나올 수 있다.
2. 조명 톤과 시간대를 맞춘다 : 낮 사진을 예시로 쓰면, AI는 대체로 낮 시간대의 빛을 유지하려 한다.

3. 스타일 일관성을 유지한다 : 예시 사진의 스타일이 섞이면 AI가 혼란스러워 결과물이 어중간해진다.

프롬프트 튜닝은 결국 AI가 '내가 원하는 스타일'을 이해하도록 학습시키는 과정이다. 예시가 많을수록 오차는 줄고, 완성도는 높아진다. 하지만 예시를 잘못 선택하면 오히려 방향이 흐트러질 수 있다. 그러니 이 방식의 핵심은 '좋은 예시를 고르는 눈'이다.

구분	설명	프롬프트 예시	장점	한계
제로샷 Zero shot	예시 없이 텍스트 지시만 함	"거실, 내추럴 스타일, 밝은 원목가구, 따뜻한 조명"	빠르고 간단함	해석이 다양해 원하는 결과와 다를 수 있음
원샷 One shot	예시 이미지 1장 제공	"이 이미지를 참고해 같은 스타일로 침실 이미지를 만들어 주세요"	색감·소재 반영 용이	각도·구도가 예시와 달라질 수 있음
퓨샷 Few shot	예시 이미지 2~3장 제공	"이 사진 2장과 동일한 분위기로 주방 이미지를 만들어 주세요"	색상·질감·조명·구도 일관성 유지	예시 선정이 부적절하면 방향성 흐트러짐

원샷(One shot)

Before	After

【프롬프트】 예시 이미지 1장 제공 + “이 이미지를 참고해 같은 스타일로 침실 이미지를 만들어 주세요”	···› 결과물

퓨샷Few shot

Before	After

【프롬프트】 예시 이미지 2장 제공 + “이 사진과 2장 동일한 분위기로 주방 이미지를 만들어 주세요”	···› 결과물

나만의 실습

☐ **Zero-shot** ☐ **One-Shot** ☐ **Few-shot**

[지시문] + [공간유형/스타일/색상과 재질] + [조명 & 분위기/구도] + [필수조건]

프롬프트에서 마음에 드는 점 ______________________________

수정할 사항 ____

나만의 프롬프트 작성 실습

- **역할 지정**: ______________________
- **제약 조건**: ______________________
- **스타일/색상/재질**: ______________________
- **조명/구도**: ______________________

최종 프롬프트:

```css
[역할 지정], [제약 조건], [스타일], [색상·재질], [조명], [구도]
```

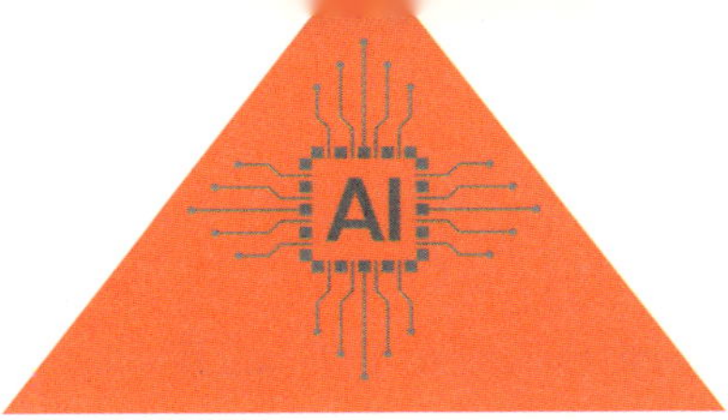

사고구조 확장법
: "어떻게 생각을 확장할까?"

AI에게 "예쁜 거실 사진 만들어줘"라고만 하면, 그 결과물은 예쁘긴 하지만 목적성이 없는 경우가 많다. 사진 속에는 가구도, 조명도, 색감도 적당하지만 '팔리는 사진'이 되지 못한다. 이유는 간단하다. AI가 어떤 과정을 거쳐 생각해야 하는지, 그리고 어떤 방향으로 발상을 확장해야 하는지 알려주지 않았기 때문이다.

고급 프롬프트의 핵심은 AI가 생각하는 순서와 범위를 내가 설계하는 것이다. 사람이 기획안을 만들 때도 '순서'와 '확장 방향'을 먼저 정하듯, AI에게도 그 설계도를 제시해야 한다. 여기서 사용하는 세 가지 주요 기법은 생각의 흐름을 어떻게 구조화하고 확장해나가는지 CoT(Chain of Thought), ToT(Tree of Thought), ZoT(Zone of Thought)이다.

❶ CoT : Chain of Thought, 단계적으로 생각하게 하기

CoT는 '사고의 사슬'이라는 뜻 그대로, AI가 한 번에 결과물을 뽑아내지 않고 단계별로 논리적으로 사고하도록 유도하는 방법이다. 예를 들어, 거실 이미지를 만든다고 하면 이렇게 지시할 수 있다.

> "먼저 공간의 용도를 분석하고, 그 용도에 맞는 타깃층을 설정하세요. 그다음 어울리는 스타일을 제안하고, 색상과 재질을 결정한 뒤, 조명과 구도를 설정하세요. 마지막으로 최종 이미지를 생성하세요."

이렇게 단계별 사고를 유도하면, AI는 공간 분석 → 스타일 결정 → 색상·재질 → 조명·구도의 순서를 밟으면서 결과를 만든다.

CoT의 장점은 결과의 안정성이다. 여러 번 같은 요청을 해도 큰 차이가 없는, 균일한 품질의 이미지를 얻을 수 있다.

❷ ToT : Tree of Thought, 가지를 뻗듯 다양한 방향 탐색하기

ToT는 나무처럼 생각을 여러 갈래로 확장하는 기법이다. 한 가지 스타일만 고집하지 않고, 여러 방향의 옵션을 만들어 비교할 수 있도록 한다.

예를 들어, 다음과 같다.

"이 거실을 모던, 내추럴, 빈티지 스타일 각각으로 연출한 버전을 제안해 주세요."

이렇게 하면 AI는 세 개의 스타일 버전을 만들어 내고, 사용자는 그중 가장 매력적인 결과를 선택하거나 혼합할 수 있다.

ToT의 장점은 선택지의 다양성이다. 특히 매물 사진을 찍을 때, 어떤 콘셉트가 플랫폼에서 더 반응이 좋은지 A/B 테스트를 하고 싶을 때 유용하다.

❸ ZoT : Zone of Thought, 영역과 분위기 지정하기

ZoT는 하나의 공간을 여러 구역으로 나누어 각기 다른 콘셉트를 적용하는 방법이다. 예를 들어, 다음과 같다

"사진의 왼쪽은 식사 공간, 오른쪽은 라운지로 나누고, 각각 다른 조명 톤을 적용하세요."

이 방식은 특히 넓은 거실이나 복층 구조, 오픈형 주방처럼 하나의 사진 안에 다양한 기능이 있는 공간에 적합하다.

ZoT의 장점은 공간 활용의 독창성이다. 단조롭게 보일 수 있는 큰 공간을 구역별로 연출하면, 마치 여러 장의 사진을 합친 것 같은 풍부함을 줄 수 있다.

실습 팁

CoT : "분석 → 스타일 → 색상·재질 → 조명·구도" 순서를 프롬프트 안에 직접 써 넣는다.

ToT : 최소 2가지 이상 스타일을 요청해 비교 선택지를 만든다.

ZoT : 사진 속 구역을 명확히 지정하고, 각 구역별 콘셉트를 구체적으로 지시한다.

실습 예시

■ **CoT 프롬프트**

1. 공간 용도를 분석하세요.
2. 타깃층을 설정하세요.
3. 스타일, 색상, 재질을 제안하세요.
4. 조명과 구도를 결정하세요.
5. 최종 이미지를 생성하세요.

ToT 프롬프트 예시

이 거실을 모던, 내추럴, 빈티지 스타일 각각으로 연출한 버전을 제안해 주세요.

ZoT 프롬프트 예시

사진의 왼쪽은 식사 공간, 오른쪽은 라운지로 나누고, 왼쪽은 밝은 자연광, 오른쪽은 따뜻한 간접조명을 적용하세요.

이 세 가지 기법을 상황에 맞게 섞어 쓰면, 단순한 '예쁜 사진'이 아니라 전략적으로 기획된 매물 이미지를 만들 수 있다. CoT로 안정성을 확보하고, ToT로 선택지를 넓히고, ZoT로 창의성을 더하면, 부동산 플랫폼에서 클릭을 부르는 이미지를 손쉽게 완성할 수 있다.

사고 구조 기법의 종류(CoT/ToT/ZoT)

기법	설명	프롬프트 예시	장점	활용 상황
CoT (Chain of Thought)	단계별 사고 절차를 지정	"분석 → 스타일 결정 → 색상·재질 → 조명·구도 → 최종 이미지"	결과의 안정성, 일관된 품질	전문적 기획이 필요한 매물 사진
ToT (Tree of Thought)	여러 스타일 /방향으로 아이디어 확장	"이 거실을 모던·내추럴·빈티지 스타일로 각각 연출"	선택지 다양성, A/B 테스트 가능	다양한 콘셉트 비교
ZoT (Zone of Thought)	공간을 구역별로 나눠 각각 다른 콘셉트 적용	"왼쪽은 식사 공간, 오른쪽은 라운지, 다른 조명 톤 적용"	독창성, 공간 활용 극대화	넓은 거실·복층·오픈형 구조

CoT(직선형 사고)	
Before	After

【프롬프트】 "거실, 모던 스타일"	【프롬프트】 "거실–용도 분석 후, 가족(신혼부부) 설정, 모던 스타일+베이지톤+자연광+와이드샷

ToT(확산형 사고)	
Before	After

【프롬프트】 "거실 이미지 생성"	【프롬프트】 "거실에서 모던, 내추럴, 빈티지 스타일로 보여주는 버전을 제시하세요.

ZoT(분할형 사고)

Before	After

【프롬프트】"거실 인테리어, 모던 스타일, 밝은 자연광, 와이드샷"	【프롬프트】"거실, 왼쪽 구역은 식사 공간으로 설정, 밝은 자연광과 화이트 톤 가구 적용, 오른쪽 구역은 라운지로 설정, 따뜻한 간접조명과 다크 우드 가구 적용, 구역 경계가 자연스럽게 연결되도록 연출, 와이드샷"

3부

AI와 함께하는 홈스테이징 연출법

1장

생성형 AI 실전 활용법

홈스테이징을 위한 생성형 AI 활용의 세 가지 흐름

AI가 생활 전반에 들어온 지금, 홈스테이징도 새로운 국면을 맞이하고 있다. 과거에는 집을 꾸미고 사진을 촬영하는 일이 전문가의 손길에만 의존되었다. 하지만 이제는 누구나 간단한 도구와 언어만으로도 매물 사진을 바꿀 수 있는 시대가 되었다. 중요한 것은 기술을 아는 것이 아니라, 기술을 어떻게 '내 집을 위한 전략'으로 활용하느냐이다.

이 장에서는 생성형 AI를 활용하는 세 가지 흐름을 소개한다.

첫째는 언어를 기반으로 아이디어와 콘셉트를 추출하는 것이다. 챗GPT는 단순한 대화형 도구가 아니라, 내가 원하는 매물의 방향을 언어로 설계해주는 비서이다. "신혼부부를 위한 모던한 거실"이라고 입력하면, 챗GPT는 색상·재질·스타일 키워드를 정리해 준다. 이것은 이후 이미지 생성에 바로 연결되는 기초 설계도가 된다. 여러분도 이 책을 보면서 따라 해보길 바란다.

둘째는 실제 매물 사진을 기반으로 이미지를 변환하는 것이다. 대표적인 도구가 룸GPT이다. 공실 사진이나 정리되지 않은 공간 사진을 업로드하면, 다양한 인테리어 스타일로 변환된 이미지를 곧바로 얻을 수 있다. 가구를 실제로 들여놓지 않아도 '이 집이 이렇게 바뀔 수 있다'라는 가능성을 보여주는 것이다. 이는 특히 임대나 매매 전 단계에서 큰 힘을 발휘한다.

셋째는 반복작업을 자동화하는 것이다. 한 장의 이미지를 만드는 것에서 그치지 않고, 챗GPT와 룸GPT, 다른 보조 도구들을 연결해 한 번의 지시로 일련의 과정을 처리하는 것이다. 이 역할을 맡는 것이 에이전트이다. 에이전트는 내가 원하는 조건을 학습하고, 사진 변환·스타일링·비포 앤 애프터 비교 카드 제작까지 자동으로 이어 준다. 과거라면 며칠이 걸리던 일이 이제는 몇 분 만에 가능하다.

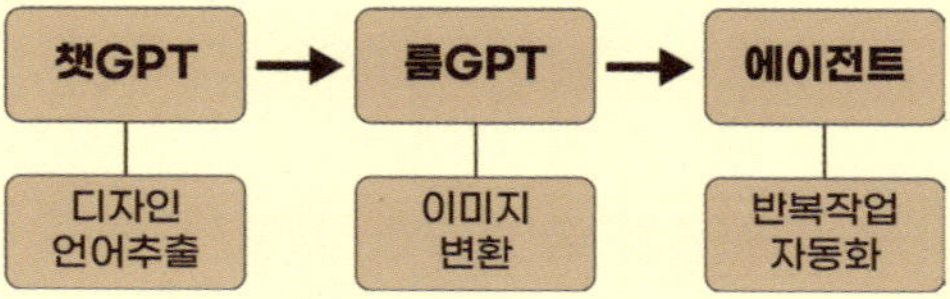

결국, 이 장은 'AI로 집을 꾸민다'라는 추상적 이야기가 아니라, 독자가 직접 따라 할 수 있는 실전 가이드이다. 챗GPT로 언어를 뽑고, 룸GPT로 이미지를 바꾸고, 에이전트로 흐름을 자동화하는 과정을 단계별로 보여줄 것이다. 독자는 이 과정을 통해 단순히 예쁜 이미지를 얻는 것이 아니라, 매물의 매력을 극대화하는 전략적 도구를 손에 넣게 된다.

홈스테이징은 더 이상 전문가의 영역에 머물지 않는다. 이제는 누구나 AI를 통해, 자신의 집을 가장 설득력 있게 보여줄 수 있다. 그리고 이 장이 바로 그 첫걸음이다.

챗GPT로 디자인 언어 추출

홈스테이징의 출발점은 언제나 "무엇을 보여줄 것인가"라는 질문에서 시작한다. 아무리 좋은 집이라도 그 매력을 표현할 언어가 없다면, 이미지는 방향을 잃는다. 챗GPT는 바로 이 첫 질문에 답을 제시하는 도구이다. AI가 화려한 이미지를 만들어 내는 것은 누구나 알고 있지만, 그보다 중요한 것은 이미지를 만들기 전 어떤 언어로 공간을 정의할 것인가이다. 챗GPT는 그 언어를 뽑아내는 데 탁월하다.

많은 독자들은 "이미지를 만드는 AI가 따로 있는데 왜 굳이 챗GPT를 먼저 써야 할까?"라는 의문을 가질 수 있다. 실제로 미드저니나 룸GPT 같은 도구는 곧바로 이미지를 만들어 주기 때문에 더 직관적으로 보인다. 그러나 막상 써보면 원하는 스타일이 제대로 나오지 않거나, 결과물이 어설퍼 보일 때가 많다. 그 이유는 프롬프트의 언어가 모호하기 때문이다. "아늑한 방"이라고만 입력하면 AI는 수십 가지 해석 중 하나를 선택해 이미지를 만든다. 하지만 내가 원하는 '아늑함'이 무엇인지—베이지 톤의 벽, 푹신한 패브릭 소파, 간접조명 같은 요소—를 미리 정리하지 않으면 결과는 늘 어딘가 부족하다.

챗GPT의 강점은 바로 여기에 있다. 공간의 콘셉트를 언어로 세분화해 정리해 준다. 예를 들어, "30대 싱글 여성을 위한 아늑한 원룸"이라고 입력하면, 챗GPT는 색상(베이지, 화이트, 파스텔톤), 소재(패브릭, 우드), 가구 스타일(스칸디나비아, 미니멀), 조명 톤(웜라이트, 간접조명) 같은 키워드를 체계적으로 뽑아낸다. 독자는 이 키워드를 미드저니나 룸GPT의 프롬프트에 바로 옮겨 적으면 된다. 이렇게 하면 이미지 생성 AI가 '모호한 방'이 아니라 '구체적이고 전략적인 공간'을 연출한다.

또한 챗GPT는 단순히 키워드만 뽑아내는 것이 아니라, 타깃층의 취향에 맞춘 시나리오까지 제시할 수 있다. 예를 들어 "아이를 둔 40대 부부가 선호할 만한 주방 인테리어"라는 요청을 하면, 챗GPT는 수납 위주의 동선, 안전한 소재, 밝은 톤의 타일, 가족이 함께하는 식탁 구조 같은 요소를 언어로 정리한다. 이 언어는 곧 이미지 프롬프트로 변환되고, 그 이미지는 매물의 '설득력 있는 첫인상'이 된다.

챗GPT의 또 다른 장점은 반복적 질문을 통해 점점 더 정교해진다는 점이다. 처음에는 "거실을 모던하게 연출해 줘"라고 요청하고, 이어서 "여기에 따뜻한 분위기를 더해 줘", "20대 신혼부부가 좋아할 디테일을 추가해 줘"라고 말할 수 있다. 이 대화의 흐름 속에서 챗GPT는 점점 더 세밀한 키워드 조합을 제시하고, 결국 독자가 원하는 구체적인 프롬프트 문장이 완성된다. 이는 전문가가 컨설팅을 거듭하며 콘셉트를 다듬는 과정과 비슷하다.

따라 해보는 실습

■ STEP 1. 기본 요청하기

30대 싱글 여성을 위한 아늑한 원룸 인테리어 키워드를 뽑아줘.

→ 이때 챗GPT는 색상·소재·스타일·조명 키워드를 정리해 줄 것이다.

■ STEP 2. 디테일 더하기

위의 키워드에 맞는 가구 3종류와 소품 3종류를 추천해줘.

→ 이때 구체적인 아이템이 등장한다. 이 단어들은 "코드복사"를 눌러 다른 생성형 AI로 가지고 가서 이미지 생성 프롬프트에 바로 쓸 수 있다.

■ STEP 3. 최종 프롬프트 문장 만들기

위 키워드를 활용해 룸GPT에서 사용할 수 있는 영어 프롬프트 문장을 작성해줘.

→ 챗GPT는 최종 이미지 생성용 프롬프트 문장을 만들어 준다.(위의 프롬프트는 룸GPT가 아닌 다른 이미지 생성형 AI에서도 사용이 가능하다)

Before/After 실습 비교

■ **Before** (모호한 요청)

프롬프트 : "아늑한 원룸"

→ **결과 :** 따뜻한 분위기지만 평범하고 특징 없는 이미지

Before(모호한 요청) **결과물**

■ **After** (챗GPT 활용)

프롬프트 : "Small cozy studio for a 30s single woman, beige walls, pastel blue cushions, fabric sofa, oak wood table, Scandinavian minimal style, warm indirect lighting"

→ **결과** : 타깃층의 취향을 반영한 전략적 이미지

After(챗GPT활용) 결과물

☞ 나만의 실습 칸

- 타깃층 : ______________________________
- 원하는 분위기 : ______________________________
- 색상/재질 키워드 : ______________________________
- 조명/구도 키워드 : ______________________________

■ **최종 프롬프트 :**

[타깃층] + [분위기] + [스타일] + [색상·재질] + [조명/구도]

TIP | 사진 속 가구 제거하기

매물 사진이 지저분하다면, ChatGPT 프롬프트를 활용해 불필요한 가구나 물건을 간단히 제거해 보자. 깔끔한 이미지는 매물의 가치를 높인다.

Before

After

룸GPT로 실제 매물기반의 '이미지 변환'

생성형 AI는 하루가 다르게 쏟아져 나온다. 그러나 중요한 것은 "이 도구가 내 집, 내 매물에 실제로 도움이 되는가"이다. 아무리 기능이 많아도 부동산 플랫폼에 올릴 매물 사진을 손쉽게 변환하지 못한다면 그 도구는 큰 의미가 없다. 이 점에서 룸GPT는 홈스테이징 실전에서 가장 활용도가 높은 도구다.

룸GPT의 특징은 '실제 매물 사진'을 기반으로 변환한다는 점이다. 다른 이미지 생성 AI들이 백지 상태에서 새로운 그림을 만들어낸다면, 룸GPT는 현실의 공간을 그대로 불러와 스타일만 바꿔 보여준다.

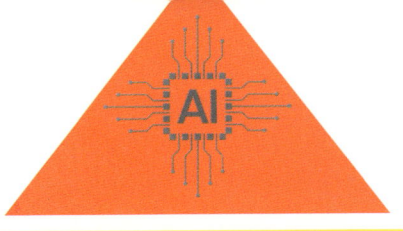

예를 들어, 아무 가구도 없는 공실 사진을 업로드하면 같은 공

간을 모던, 내추럴, 북유럽 등 다양한 버전으로 바꿔준다. 방법도 간단하다. 사진을 올리고 원하는 스타일을 선택하기만 하면 된다. 몇 분 만에 비포 앤 애프터(Before & After) 이미지가 완성된다.

이런 방식은 매물을 준비하는 사람 입장에서 매우 유용하다. 실제로 공실을 가구로 채우려면 비용과 시간이 많이 든다. 특히 미국·유럽·일본 등 해외에서는 가구 렌탈 업체가 발달해 있어 비교적 비용을 줄일 수 있지만, 한국은 원하는 스타일의 가구를 다양하게 렌탈하기가 쉽지 않다. 결국, 저렴한 가구라도 '구매'를 해야 하며, 이 비용이 고객에게는 큰 부담으로 다가온다.

나 역시 여러 고객을 상담하면서, 렌탈보다 구매 비용이 더 많이 들어간다는 사실에 놀라는 경우를 자주 보았다. 이 경험을 통해 나는 생성형 AI를 활용한 홈스테이징이 가성비와 가심비를 동시에 충족하는 방법임을 확신하게 되었다.

룸GPT는 단 몇 번의 클릭만으로 '가상 연출된 공간'을 보여주어, 보는 이로 하여금 "이 집이 이렇게 달라질 수 있구나"라는 상상을 불러일으킨다. 그리고 그 상상은 곧 구매와 임대 의욕으로 이어진다.

물론 더 정교한 사진 보정이나 특정 소품 추가, 창의적 재구성을 원한다면 DALL·E 같은 도구가 적합하다. 그러나 실제 매물 기반 변환만 놓고 본다면, 룸GPT가 훨씬 직관적이고 빠르다. 이 책에서 룸GPT를 소개하는 이유도 바로 여기에 있다.

따라 해보는 실습

STEP 1. 사진 업로드하기

- 내 스마트폰으로 찍은 빈집 거실 사진을 업로드한다.

STEP 2. 스타일 선택하기

- 모던, 내추럴, 북유럽, 미니멀 중 하나를 선택한다.

STEP 3. 결과 확인하기

- 룸GPT가 자동으로 가구를 배치하고 조명을 설정한 '애프터 이미지'를 생성한다

Before/After 실습 비교

■ **Before**

업로드 사진 : 가구 하나 없는 빈 거실 사진

→ **결과** : 공간이 휑하고 크기 감이 잘 안 잡힘

풍경이 좋은 전원형 거실 사진(Before)

■ **After** (룸GPT 활용)

선택한 스타일 : 모던 스타일

→ **결과** : 밝은 원목 바닥과 화이트 가구, 포근한 조명으로 꾸며진 거실 이미지

이제 여러분도 직접 따라 해보자. 스마트폰에서 룸GPT 앱을 열거나 PC에서 룸GPT에 로그인한 뒤, 수정할 사진을 업로드해보면 된다.

룸GPTP에서 풍경이 좋은 전원형 거실 사진(Before) 업로드하기

그다음, 업로드한 사진에 잘 어울릴 스타일을 고민해보자. 예를 들어 창밖의 아름다운 풍경과 가장 조화를 이루는 모던 스타일을 선택해보면 된다. 사진 아래에 미리보기 옵션이 간단히 제공되므로 원하는 스타일을 쉽게 찾을 수 있다.

룸GPTP에서 풍경이 좋은 전원형 거실 사진(Before)에 어울릴만한 스타일 선택하기

풍경이 좋은 전원형 거실에 어울리는 모던한 거실 이미지(After)

나만의 실습 칸

내가 원하는 에이전트 작업 :

필요한 단계 : ☐ 키워드 추출 ☐ 이미지 변환 ☐ 카드제작 ☐ 기타

최종 결과물 활용 :

최종 이미지 활용

플랫폼 등록용 : ☐ 직방 ☐ 다방 ☐ 당근마켓 ☐ 피터팬 좋은 방 구하기 ☐ 기타

TIP | 조명 보정하기

사진이 어둡게 찍혔다면 AI 이미지 보정 기능을 활용하자. 밝고 환한 분위기는 공간을 더 넓고 쾌적하게 보이게 한다.

룸GPT는 결국 현실의 사진을 바탕으로 가능성을 보여주는 도구이다. 내가 가진 매물은 변하지 않지만, 보여주는 방식은 달라진다. 그리고 그 차이가 매물의 첫인상을 결정한다. 공실이든 오래된 집이든, 룸GPT는 단 몇 분 만에 '팔리는 사진'으로 바꿔 준다.

에이전트로 '반복작업 자동화'

홈스테이징 작업에서 가장 피곤한 부분은 반복작업이다. 같은 사진을 여러 버전으로 만들어야 하고, 각각을 다시 편집해 카드 형태로 정리해야 하며, 최종적으로 플랫폼에 올릴 사이즈에 맞게 변환해야 한다. 전문가라면 팀이 나누어 처리하겠지만, 개인은 혼자서 이 모든 과정을 감당해야 한다. 그래서 종종 "나도 해보고 싶지만 너무 번거롭다"라는 말이 나온다. 에이전트는 바로 이 문제를 해결하는 도구이다.

에이전트란 여러 AI 도구를 하나의 흐름으로 연결해 자동으로 작동하게 하는 시스템이다. 예를 들어, "50대 부부를 위한 세컨드 하우스 거실을 제안해줘"라고 요청하면, 에이전트는 다음과 같은 순서를 스스로 수행한다.

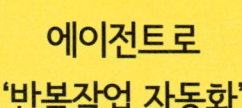

1. 챗GPT로부터 키워드를 추출한다. → "세컨드 하우스, 휴양, 따뜻한 톤, 편안한 소파, 와이드샷" 등의 언어가 정리된다.
2. 룸GPT를 불러 실제 매물 사진을 변환한다. → 공실이었던 거실이 따뜻한 톤으로 꾸며진 '애프터 이미지'로 바뀐다.
3. 캔바(Canva)와 같은 디자인 툴에서 비포 앤 애프터(Before & After) 비교 카드까지 자동으로 완성한다. → 같은 사진이 깔끔하게 정리된 홍보용 자료로 완성된다.

이 모든 과정이 과거에는 온종일 걸리던 일이었지만, 에이전트를 사용하면 몇 분 만에 끝난다. 중요한 점은 사용자가 일일이 프로그램을 오가며 명령을 입력할 필요가 없다는 것이다. 에이전트는 처음에 설정해 둔 흐름에 따라 알아서 작업을 이어간다.

따라 해보는 실습

STEP 1. 나만의 에이전트 목적 정의

"내 매물 거실 사진을 3가지 스타일로 변환하고, 비포 앤 애프터 카드로 정리해 줘."

STEP 2. 에이전트 구성하기

- 언어 추출 : 챗GPT
- 이미지 변환 : 룸GPT
- 디자인 정리 : 캔바

STEP 3. 실행하기

- 에이전트에게 전체 지시를 내린다.
- 몇 분 뒤 결과물이 한 번에 정리된다.

Before/After 비교

■ **Before**(수동 작업)

- 챗GPT에서 키워드 추출
- 룸GPT에서 이미지 변환
- 캔바에서 디자인 정리

→ 각각 따로 해야 해서 반나절 이상 소요

■ **After** (에이전트 자동화)

"내 매물 거실 사진을 신혼부부가 좋아할 스타일로 변환하고, 카드로 정리해 줘."

→ 한 번의 요청으로 키워드·이미지·카드가 자동 완성

나만의 실습 칸

업로드할 공간 사진 :	
원하는 스타일 :	☐ 모던 ☐ 내추럴 ☐ 북유럽 ☐ 미니멀 ☐ 기타
최종 결과물 활용 :	☐ 직방 ☐ 다방 ☐ 당근마켓 ☐ 피터팬의 좋은 방 구하기 ☐ 기타

DESIGN

2장

공간별 홈스테이징 이미지 실습

공간마다 다른 전략을 세워 실제 공간에 AI홈스테이징 실습하기

집을 보는 사람은 한눈에 판단한다. 사진 몇 장만으로도 '이 집은 꼭 보고 싶다' 혹은 '굳이 갈 필요 없다'라는 결정을 내린다. 결국, 홈스테이징은 한 장의 사진 안에 매력과 가능성을 담아내는 기술이다. 1장에서 우리는 챗GPT로 디자인 언어를 뽑고, 룸GPT로 실제 매물 사진을 변환하며, 에이전트로 반복작업을 자동화하는 방법을 익혔다. 이제부터는 그 도구들을 실제 공간에 적용해 보아야 한다. 이 장은 말 그대로 실습이다.

공간별 실습은 단순한 흉내 내기가 아니다. 각각의 공간은 그 기능과 분위기가 다르고, 보는 사람이 기대하는 포인트도 다르다. 같은 집이라도 거실은 '첫인상'이고, 주방은 '정리감', 침실은 '감성', 욕실은 '청결', 서재는 '전문성'이라는 메시지를 전달해야 한다. 따라서 공간마다 다른 전략이 필요하다.

우선 거실이다. 거실은 사진 속에서 가장 먼저 시선을 끌며, 집 전체의 첫인상을 좌우한다. 넓어 보이는 구도, 밝은 조명, 깔끔한 배치가 핵심이다.

그다음은 주방이다. 주방은 깔끔하게 정리된 느낌과 함께, 작은 포인트 하나로 분위기를 살려야 한다. 작은 화분이나 조명 하나만으로도 주방은 따뜻해 보일 수 있다.

침실은 감성의 공간이다. 누구나 아늑하고 따뜻한 분위기를 기대한다. 부드러운 색상과 조명이 중요한 역할을 한다.

욕실은 다른 어떤 공간보다도 깨끗해야 한다. 물때나 얼룩이 없는 이미지는 신뢰를 준다. 밝고 환한 톤으로 연출해야 한다.

마지막으로 서재와 작업실이다. 이 공간은 단순히 책상과 의자가 놓인 자리가 아니라, 그 사람의 생활 방식과 전문성을 보여주는 무대이다. 정돈된 책상, 세련된 배경은 곧 신뢰로 이어진다.

이 장에서는 각 공간을 하나씩 다루며, 챗GPT로 어떤 언어를 뽑아내야 하는지, 룸GPT로 어떻게 변환할 수 있는지, 그리고 어떤 포인트에 집중해야 하는지를 실습한다. 독자는 책을 읽으면서 곧바로 자신의 사진을 열고 따라 해볼 수 있다. 2장은 더 이상 설명이 아니라, 실제로 이미지를 만들고 비교하며 매물 사진을 바꾸는 과정이다.

거실
: 첫인상을 결정짓는 공간

사람이 집을 볼 때 가장 먼저 마주하는 공간은 거실이다. 매물 사진 속에서 거실은 단순한 한 장의 이미지가 아니라, 집 전체의 분위기를 대신 보여주는 얼굴이다. 따라서 거실이 어떻게 보이느냐에 따라 "이 집을 직접 보고 싶다" 혹은 "굳이 갈 필요 없다"라는 판단이 갈린다. 거실 사진은 매물의 첫인상을 결정짓는 이미지이며, 이 첫인상이 곧 계약으로 이어지기도 한다.

거실을 연출할 때 가장 중요한 요소는 '넓어 보이는 느낌'과 '밝고 따뜻한 분위기'이다. 같은 공간이라도 가구 배치와 조명, 사진의 구도에 따라 전혀 다른 인상을 준다. 벽에 붙은 소파 하나, 창문을 가린 커튼 하나가 공간의 가치를 떨어뜨릴 수 있다. 반대로 간단한 정리와 연출만으로도 집은 훨씬 더 매력적으로 보인다.

AI 홈스테이징은 이런 거실의 특성을 가장 손쉽게 바꿀 수 있는

방법이다. 공실이라면 가구를 채워 넣고, 가구가 있다면 스타일을 바꿔 볼 수 있다. 중요한 것은 어떤 언어로 AI에게 요청하느냐이다.

이론 : 거실을 설계하는 언어

거실을 연출할 때 챗GPT를 통해 먼저 키워드를 추출하는 것이 좋다. 예를 들어 이렇게 프롬프트에 입력해 보자.

복사 편집

```
가족이 함께 시간을 보내는 아늑한 거실을 위한 인테리어 키워드를 뽑아줘.
```

챗GPT는 색상(베이지, 라이트 그레이), 가구(패브릭 소파, 원목 테이블), 조명(간접조명, 스탠드 램프), 분위기(따뜻함, 안정감) 같은 키워드를 제시할 것이다. 이 키워드는 곧바로 룸GPT나 미드저니에 활용할 수 있는 설계도가 된다.

룸GPT를 사용한다면 공실 사진을 업로드하고 "모던 스타일" 혹은 "스칸디나비아 스타일"을 선택해 본다. 단 몇 분 만에 비포앤 애프터(Before & After) 이미지가 나온다. 공실이었던 거실은 어느새 밝은 소파와 원목 테이블이 놓인 따뜻한 공간으로 변한다.

실습 : 직접 따라 해보기

STEP 1. 내 거실 사진 준비하기

- 지금 있는 거실 사진 한 장을 스마트폰으로 찍는다.
- 가구가 없거나 지저분해도 상관없다. 오히려 Before/After 비교가 더 선명하다.

STEP 2. 챗GPT에게 키워드 뽑기

```
20대 신혼부부가 좋아할 모던하고 밝은 거실 인테리어 키워드를 뽑아줘.
```

→ **결과** : 화이트 벽, 밝은 원목 바닥, 패브릭 소파, 아트워크 액자, 따뜻한 조명 등

```lua
Modern living room for young newlyweds, white walls, light oak floor, fabric sofa, warm lighting,
```

STEP 4. 룸GPT나 이미지 AI에 적용하기

- 내 거실 사진을 업로드한다.
- 위 프롬프트를 참고해 원하는 스타일을 선택한다.
- 몇 분 뒤 완전히 달라진 '애프터 이미지'를 확인한다.

Before/After 예시

■ **Before**

- 공실 거실, 흰 벽과 텅 빈 바닥만 있는 사진

- 다소 차갑고 비어 있는 느낌

■ **After**

- 스칸디나비아 스타일
- 밝은 원목 테이블, 베이지 패브릭 소파, 따뜻한 조명
- 넓어 보이고 아늑한 분위기

나만의 실습 칸

내가 연출할 타깃층 :	
원하는 분위기 :	
색상·재질 키워드 :	
조명·구도 키워드 :	

최종 프롬프트 :

```css
[타깃층] + [청결 강조] + [색상·재질] + [조명/분위기]
```

거실은 집의 얼굴이다. 첫인상을 결정짓는 이 공간을 어떻게 보여주느냐에 따라 매물의 가치는 달라진다. 중요한 것은 큰돈을 들여 실제 리모델링을 하지 않아도 된다는 점이다. AI를 통해 누구나 손쉽게 거실을 새롭게 보여줄 수 있다. 직접 따라 해보면 알게

된다. 내 집의 거실이 화면 속에서 달라지는 순간, 매물이 전혀 다른 매력으로 다가온다.

주방
: 정리감과 포인트를 주는 공간

집을 볼 때 주방은 의외로 강력한 인상을 남긴다. 사람들은 집을 둘러보며 거실에서 첫인상을 받고, 이어서 주방으로 들어왔을 때 생활의 디테일을 떠올린다. 주방이 어수선하면 집 전체가 지저분해 보이고, 주방이 정갈하면 집이 잘 관리된 듯한 느낌을 준다. 그래서 주방은 '정리감'이 핵심이다. 그러나 단순히 깨끗하기만 해서는 부족하다. 작은 장치 하나로 분위기를 살려야 한다. 그것이 주방의 '포인트'이다.

예를 들어, 같은 싱크대라도 아무 장식이 없으면 평범해 보인다. 하지만 작은 화분이나 포인트 조명, 예쁜 주방용품 하나만 놓여도 공간이 달라진다. 이 미묘한 차이가 매물 사진에서 큰 효과를 만든다. 보는 사람은 '여기서 요리하면 기분 좋겠다'라는 상상을 하게 된다. 홈스테이징의 목적은 바로 그 상상을 자극하는 데 있다.

이론 : 주방을 설계하는 언어

주방은 두 가지 키워드로 요약된다. 정리감과 포인트이다.

1. **정리감** : 물건이 제자리에 있고, 표면이 깨끗해야 한다. AI에게 "깔끔한 주방"이라고 지시하면 그저 정돈된 이미지가 나온다. 하지만 "정리된 싱크대, 물건이 최소화된 조리대, 깨끗한 흰색 타일 벽"이라고 구체적으로 입력하면 훨씬 설득력 있는 결과를 얻는다.
2. **포인트** : 공간이 지루하지 않도록 작은 장치를 더해야 한다. 예를 들어, "작은 허브 화분, 따뜻한 펜던트 조명, 세련된 그릇 세트" 같은 요소가 들어가면 주방은 단순한 조리 공간을 넘어 생활의 감각을 보여주는 무대로 변한다.

챗GPT는 이런 키워드를 뽑아내는 데 매우 유용하다.

복사 편집

가족이 사용하는 아늑하고 정리된 주방을 위한 인테리어 키워드를 뽑아줘.

이렇게 입력하면, **색상**(화이트, 라이트 그레이), **소재**(타일, 원목), **포인트**(허브 화분, 펜던트 조명), **분위기**(따뜻함, 실용성) 등을 정리해 준다. 이 언어는 곧바로 룸GPT나 미드저니 같은 이미지 AI에서 활용할 수 있다.

실습 : 직접 따라 해보기

STEP 1. 내 주방 사진 찍기

- 지금 있는 주방을 스마트폰으로 촬영한다.
- 싱크대 위에 물건이 있더라도 괜찮다. 오히려 Before/After 비교가 뚜렷하다.

STEP 2. 챗GPT에게 키워드 요청하기

```
복사 편집
20대 신혼부부가 좋아할 밝고 정리된 주방 인테리어 키워드를 뽑아줘.
```

- **색상** : 화이트 & 라이트 우드 / **포인트** : 허브 화분, 아일랜드 조명 / **분위기** : 깔끔함, 따뜻함

STEP 3. 프롬프트 문장 만들기

```
nginx
복사 편집
Bright and clean kitchen for young newlyweds, white cabinets, light wood accents, herb plants on t
```

STEP 4. 룸GPT에서 변환하기

- 공실 주방 사진을 업로드한다.
- 위 프롬프트에 맞는 스타일을 선택한다.
- 몇 분 뒤, 정리된 주방과 포인트가 살아 있는 '애프터 이미지'를 확인한다.

Before/After 예시

■ **Before**

- 싱크대 위에 조리도구와 그릇이 가득 쌓여 있는 사진
- 어두운 조명, 다소 답답한 느낌

■ **After**

- 화이트 캐비닛과 라이트 우드 포인트
- 조리대 위는 깔끔하게 정리, 허브 화분 하나가 포인트
- 따뜻한 펜던트 조명으로 분위기 강조

☞ 나만의 실습 칸

내가 연출할 타깃층 :	
원하는 분위기 :	
색상·재질 키워드 :	
조명·구도 키워드 :	

■ **최종 프롬프트 :**

[타깃층] + [분위기] + [색상·재질] + [정리감 표현] + [포인트 아이템]

주방은 단순히 밥을 짓는 공간이 아니다. 집을 보러 온 사람에게 "이 집은 생활이 편리하고 즐겁겠다"라는 메시지를 전하는 무대이다. 정리감으로 신뢰를 주고, 작은 포인트로 감성을 더하면 된다. AI를 활용하면 누구나 이 과정을 손쉽게 시도할 수 있다. 직접 따라 해보면, 주방 사진이 달라지는 순간 "아, 되네?"라는 경험을 할 수 있다. 그것이 바로 홈스테이징 실습의 즐거움이다.

침실
: 감성 이미지로 따뜻하게 표현하기

집을 보는 사람에게 침실은 단순한 잠자리 공간이 아니다. 하루의 피로를 풀고, 나만의 시간을 누리는 은밀한 공간이다. 그래서 침실 사진은 집 전체의 분위기를 감성적으로 바꾸는 힘이 있다. 거실이 집의 얼굴이라면, 침실은 집의 마음이라고 할 수 있다. 거실에서 첫인상을 얻었다면, 침실에서 "이 집에 살고 싶다"라는 결심이 완성된다. 그렇기 때문에 침실 사진은 단순히 깔끔하게 정리된 이미지를 넘어 따뜻함과 안정감을 전달하는 감성 연출이 필요하다.

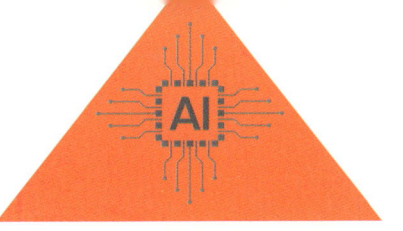

이론 : 침실을 설계하는 언어

침실 연출에는 몇 가지 핵심 언어가 있다

1. **색상** : 화이트, 베이지, 파스텔, 라이트 그레이 같은 부드러운 색조가 안정감을 준다.
2. **소재** : 린넨 침구, 패브릭 쿠션, 우드 가구처럼 질감이 느껴지는 소재가 감성을 불러온다.
3. **조명** : 강한 천장등보다 스탠드 조명이나 간접조명이 어울린다. 빛이 부드러워야 따뜻함이 배어난다.
4. **소품** : 액자, 작은 식물, 촛대 같은 디테일이 공간에 이야기를 더한다.

챗GPT에 "30대 직장인을 위한 아늑한 침실 인테리어 키워드를 뽑아줘"라고 요청하면, 바로 이런 키워드들이 정리된다. 이 언어가 곧 프롬프트의 기본 재료가 된다.

실습 : 직접 따라 해보기

STEP 1. 침실 사진 찍기

- 지금 있는 침실 사진을 촬영한다. 이불이 구겨져 있거나 정리가 안 돼 있어도 괜찮다. Before/After 비교가 더

극적이 된다.

STEP 2. 챗GPT로 키워드 추출하기

```
코드 복사
30대 직장인이 하루의 피로를 풀 수 있는 따뜻한 침실 인테리어 키워드를 뽑아줘.
```

☞ **색상** : 베이지, 라이트 그레이 / **소재** : 린넨, 패브릭 / **조명** : 간접조명, 스탠드 램프 / **소품** : 식물, 액자

STEP 3. 프롬프트 문장만들기

```css
Cozy bedroom for a 30s professional, beige and light gray tones, linen bedding, fabric cushions, w
```

STEP 4. 룸GPT나 이미지AI에서 변환하기

- 침실 사진을 업로드한다.
- 위 프롬프트를 참고해 스타일을 반영한다.
- 몇 분 후, Before와 전혀 다른 따뜻한 침실 이미지가 완성된다.

Before/After 예시

■ **Before**

- 흰 벽과 매트리스만 있는 침실

- 차갑고 단조로운 분위기

■ **After**

- 베이지 린넨 침구, 원목 사이드 테이블, 따뜻한 스탠드 조명
- 작은 식물과 액자가 더해져 아늑하고 감성적인 공간

Before

After

☜ **나만의 실습 칸**

내가 연출할 타깃층 :

원하는 분위기 :

색상·재질 키워드 :

조명·구도 키워드 :

■ 최종 프롬프트 :

[타깃층] + [분위기] + [색상·재질] + [조명·소품]

침실은 말로 설명할 수 없는 감정을 담는 공간이다. 거실에서 집의 전체적인 이미지를 파악했다면, 침실에서는 집의 따뜻한 속살을 본다. AI 홈스테이징은 이런 감성을 아주 쉽게 표현하게 해준다. 침구 색을 바꾸고, 조명을 더하고, 소품을 배치하는 일은 몇 줄의 프롬프트로 가능하다. 독자가 직접 따라 해보면 알게 된다. "아, 내 침실도 이렇게 변하네"라는 경험은 단순한 흥미를 넘어 매물을 매력적으로 바꾸는 전략적 도구가 된다.

욕실
: 깨끗함을 이미지로 설득하기

욕실은 집을 보는 사람에게 가장 민감한 공간이다. 거실이나 침실은 가구와 장식으로 어느 정도 연출이 가능하지만, 욕실은 조금만 지저분해 보여도 집 전체의 신뢰도가 떨어진다. 곰팡이나 물때가 보이면 "관리되지 않은 집"이라는 인상이 강하게 남는다. 반대로 욕실이 환하고 깨끗하면 집 전체가 정갈해 보이고, 이 집에서 사는 생활이 깔끔하고 편리하겠다는 믿음을 준다. 결국, 욕실 연출의 핵심은 화려함이 아니라 깨끗함 자체를 설득하는 것이다.

이론 : 욕실을 설계하는 언어

욕실에서 강조해야 할 키워드는 크게 세 가지이다.

1. **청결** : 하얀 타일, 깨끗한 거울, 물때 없는 유리문 등. 욕실은 '얼마나 깨끗해 보이느냐'가 최우선이다.
2. **밝음** : 어두운 조명은 작은 얼룩도 더 부각시킨다. 반대로 밝은 톤의 조명과 흰색 위주의 색상은 공간을 넓고 위생적으로 보이게 한다.
3. **심플함** : 불필요한 소품은 오히려 지저분하게 느껴진다. 꼭 필요한 것만 단정히 배치해야 한다.

챗GPT에 이렇게 요청해 보자.

코드 복사

```
깔끔하고 위생적인 욕실 인테리어 키워드를 뽑아줘.
```

그러면 색상(화이트, 라이트 그레이), 소재(세라믹 타일, 유리), 조명(밝은 화이트 라이트), 분위기(깔끔함, 상쾌함) 같은 언어가 정리된다. 이 키워드는 그대로 룸GPT나 미드저니에서 활용할 수 있는 설계도가 된다.

실습 : 직접 따라 해보기

STEP 1. 내 욕실 사진 찍기

- 지금 있는 욕실을 찍는다. 세면대에 치약이 놓여 있어도 괜찮다. 오히려 Before/After 효과가 크다.

STEP 2. 챗GPT에게 키워드 요청하기

코드 복사

```
깔끔하고 환한 욕실 인테리어 키워드를 뽑아줘.
```

- **색상** : 화이트, 라이트 그레이
- **소재** : 유리 파티션, 세라믹 타일
- **조명** : 밝은 화이트 라이트
- **분위기** : 청결함, 위생적, 상쾌함

STEP 3. 프롬프트 문장 만들기

```sql
Bright and clean bathroom, white ceramic tiles, glass shower partition, large mirror without stair
```

STEP 4. 룸GPT나 이미지 AI에서 변환하기

- 공실 욕실 사진을 업로드한다.
- 위 프롬프트를 반영해 변환을 실행한다.
- 몇 분 뒤, 얼룩 많던 욕실이 환하고 깔끔한 호텔식 욕실로 변한다.

Before/After 예시

■ **Before**

- 거울에 얼룩이 남아 있고, 세면대에 세제와 칫솔이 가득 놓인 사진
- 어두운 조명 때문에 답답하고 지저분해 보임

■ **After**

- 큰 거울은 맑게 반짝이고, 세면대 위는 정리되어 있음
- 흰색 타일과 밝은 조명이 어우러져 위생적이고 상쾌한 분위기
- 군더더기 없는 미니멀한 욕실

Before

After

나만의 실습 칸	
내가 연출할 타깃층 :	
강조할 키워드 : (청결/밝음/심플함)	
색상·재질 키워드 :	
조명·분위기 키워드 :	

■ 최종 프롬프트 :

[타깃층] + [청결 강조] + [색상·재질] + [조명·분위기]

욕실은 작은 공간이지만, 집 전체의 가치를 바꾸는 힘을 가진다. 집을 보러 온 사람은 욕실을 보고 "이 집은 관리가 잘 되었구나" 혹은 "이 집은 손이 많이 가겠구나"를 직감한다. AI 홈스테이징은 몇 줄의 언어로 욕실을 즉시 변신시킨다. 직접 따라 해보면 알 수 있다. 욕실 사진이 깨끗하게 바뀌는 순간, 독자는 속으로 이렇게 말할 것이다.

"아, 이게 되네."

서재·작업실
: 전문가 이미지 심기

집을 보는 사람들은 서재나 작업실 사진을 통해 그 집의 주인이 어떤 생활 방식을 가지고 있는지, 얼마나 정돈된 삶을 살고 있는지를 짐작한다. 거실과 침실이 집의 기본적인 편안함을 보여준다면, 서재는 "이 집에는 집중할 수 있는 공간이 있구나"라는 신뢰를 준다. 단순히 책상 하나와 의자가 놓인 공간이라도, 정리된 책상과 조화로운 배경은 곧 전문성으로 읽힌다. 그래서 서재와 작업실은 매물의 가치를 끌어올리는 숨은 카드이다.

이론 : 전문가 이미지를 만드는 언어

서재·작업실을 연출할 때 중요한 키워드는 세 가지이다.

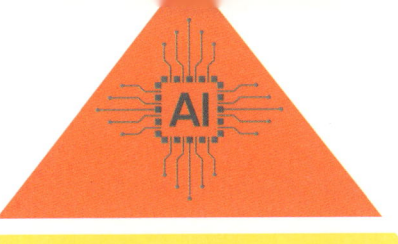

1. **정돈감** : 서류나 책이 어지럽게 널려 있으면 집중할 수 없는 공간처럼 보인다. "깔끔하게 정리된 책상, 간단한 소품만 놓인 작업 공간" 같은 언어가 필요하다.
2. **전문성** : 노트북, 모니터, 책장 같은 기본 요소가 단순히 놓여 있는 것이 아니라 "업무와 학습에 최적화된" 배치로 연출되어야 한다.
3. **분위기** : 차갑게만 보이면 사무실 같아 매력이 떨어진다. 우드 소재 책상, 따뜻한 스탠드 조명, 식물 한두 개 같은 요소가 적절히 어우러져야 한다.

챗GPT에 이렇게 요청해보자.

코드 복사

```
집중력과 전문성을 보여줄 수 있는 서재 인테리어 키워드를 뽑아줘.
```

→ **결과** : 라이트 우드 책상, 심플한 책장, 노트북과 스탠드 조명, 작은 화분, 정돈된 배치, 따뜻한 톤의 조명

이 키워드는 그대로 룸GPT나 미드저니에서 활용할 수 있다.

실습 : 직접 따라 해보기

STEP 1. 내 서재 사진 찍기

- 책상과 의자가 있는 공간을 촬영한다. 책이 쌓여 있거나 케이블이 얽혀 있어도 괜찮다. 오히려 Before/After 비교 효과가 뚜렷하다.

STEP 2. 챗GPT로 키워드 추출하기

- **색상** : 화이트, 라이트 그레이, 우드톤
- **소재** : 원목 책상, 패브릭 체어
- **포인트** : 모니터, 노트북, 정리된 서류, 식물
- **조명** : 따뜻한 스탠드 조명, 밝은 데스크 라이트

STEP 3. 프롬프트 문장 만들기

arduino 코드 복사

```arduino
Minimal and professional home office, wooden desk, fabric chair, organized bookshelf, laptop and m
```

STEP 4. 룸GPT나 이미지 AI에서 변환하기

- 내 서재 사진을 업로드한다.
- 위 프롬프트를 기반으로 스타일을 선택한다.
- 몇 분 뒤, 산만했던 공간이 전문적인 분위기의 서재로 변한다.

Before/After 예시

■ **Before**

- 책상 위에 케이블과 종이가 널려 있음
- 배경은 무질서하고 조명은 차갑다.

■ **After**

- 정리된 책상, 따뜻한 조명, 깔끔하게 정리된 책장
- 모니터와 노트북이 적절히 배치되어 '전문가의 작업 공간'처럼 보임

Before

After

나만의 실습 칸	
내가 연출할 타깃층 :	
원하는 분위기 :	
색상·재질 키워드 :	
책상/소품 키워드 :	

■ **최종 프롬프트 :**

[타깃층] + [분위기] + [색상·재질] + [책상/소품] + [조명]

서재와 작업실은 계약을 좌우하는 결정적 공간은 아닐 수도 있다. 그러나 이 공간이 깔끔하고 세련되게 연출되면 집 전체가 '체계적인 사람의 공간'으로 읽히며, 보는 이의 신뢰를 끌어낸다. 특히 재택근무가 늘어난 요즘, 집 안에서 업무와 학습을 해결할 수 있는 환경은 매력적인 포인트가 된다. AI 홈스테이징은 이 과정을 몇 줄의 프롬프트로 가능하게 한다. 직접 따라 해보면, 어수선하던 내 책상이 전문가의 공간으로 변하는 순간을 경험하게 된다. 그리고 독자는 속으로 이렇게 말할 것이다.

'아, 나도 되네.'

DESIGN

3장

AI 이미지·에이전트의 실전 활용법

AI 홈스테이징은 실현 가능한 매물 연출의 새로운 표준이다.

이제는 배운 것을 실제 매물에 적용해 볼 차례이다. 앞서 우리는 챗GPT로 디자인 언어를 뽑고, 룸GPT로 실제 사진을 변환하며, 에이전트로 반복작업을 자동화하는 방법을 익혔다. 그리고 각 공간별로 거실, 주방, 침실, 욕실, 서재를 실습하면서 AI 홈스테이징의 흐름을 경험했다. 하지만 여전히 독자의 마음속에는 이런 질문이 남아 있을 것이다.

"과연 내 집 사진에도 이런 변화가 일어날까?"

이 장은 바로 그 질문에 대한 답을 보여주는 단계이다.

AI 홈스테이징의 진짜 힘은 내 매물 사진을 어떻게 바꾸느냐에 있다. 인터넷에서 본 예시 이미지는 그럴듯해 보이지만, 내가 찍은 실제 사진이 변하는 순간 독자는 비로소 확신을 얻게 된다.

그래서 먼저, 내 매물에 AI를 적용하는 방법을 다룬다. 독자는 직접 자신의 사진을 불러와 챗GPT가 뽑아낸 키워드와 프롬프트를 적용해 보게 된다. 작은 변화라도 "아, 되네"라는 경험이 시작되는 순간이다.

다음은 기존 사진과 AI 이미지의 비교 분석이다. 이는 비포애프터(Before/After) 이미지를 나란히 놓고 어떤 차이가 생겼는지 구체적으로 살펴본다. 단순히 예쁘게 꾸며졌다는 수준을 넘어, 시선이 머무는 포인트가 어떻게 달라졌는지, 공간의 인상이 어떻게 바뀌었는지를 분석한다. 독자는 이 과정을 통해 단순한 '이미지 편집'이 아니라 '전략적 연출'이라는 차이를 이해하게 된다.

마지막으로는 다양한 인테리어 스타일로 재구성하는 방법을 다룬다. 같은 집이라도 모던, 내추럴, 북유럽, 빈티지 등 여러 버전으로 변환하면, 매물의 매력은 배가된다. 한 가지 스타일이 마음에 들지 않더라도 다른 스타일에서 새로운 가능성을 찾을 수 있다. 특히 플랫폼에 여러 이미지를 함께 올리면, 보는 이가 선택지를 비교하며 "이 집은 다양한 모습으로 활용 가능하구나"라는 인상을 받는다.

결국, 3장은 실험이자 검증이다. 지금까지 배운 도구와 방법을 실제로 적용해 보고, 비포 앤 애프터(Before/After)를 비교하며, 다양한 스타일을 재구성하는 과정 속에서 독자는 확신을 얻는다. AI 홈스테이징은 단순한 유행이 아니라, 누구나 실현 가능한 매물 연출의 새로운 표준이라는 사실이다.

내 매물에 AI 적용해보기

책의 마지막 부분에 다다른 지금, 독자는 이미 여러 장의 비포 앤 애프터(Before&After) 이미지와 다양한 실습 과정을 경험했다. 각 공간을 바꾸는 연습도 해보았고, 프롬프트를 다듬는 과정도 익혔다. 그러나 여전히 가장 궁금한 질문은 하나일 것이다.

'과연 내 집 사진에도 이런 변화가 일어날까?'

이 장은 바로 그 물음에 대한 답이자, 이 책의 클라이맥스이다.

AI 홈스테이징의 진짜 힘은 실제 매물에 적용될 때 드러난다. 인터넷에서 본 예시 이미지는 그럴듯해 보이지만, 내가 직접 찍은 사진이 바뀌는 순간 독자는 비로소 확신을 얻게 된다. 공실이든 오래된 집이든, 가구가 가득 놓여 어수선한 공간이든 상관없다. 중요한 것은 AI가 지금 있는 그대로의 사진을 가져와 전혀 다른 느낌으로 재구성해 준다는 사실이다. 예를 들어, 좁고 답답해 보이던 오피스텔 거실을 찍어 업로드한다고 해 보자. 챗GPT가 뽑아준 키워드를 활용해 룸GPT나 다른 이미지 변환 툴에 적용하면, 몇 분 만에 같은 공간이 밝고 정돈된 스칸디나비아 스타일로 바뀐다. 바로 그 전환의 순간 독자는 알게 된다.

"내 집 사진도 충분히 팔리는 사진이 될 수 있구나."

여기서 중요한 것은 화려한 연출이 아니다. 내 매물의 장점을 극대화하는 연출이다. 작은 창문이라면 그 창으로 들어오는 빛을 강조할 수 있고, 좁은 방이라면 가구를 최소화해 넓어 보이게 만들 수 있다. AI는 그 장점을 한눈에 드러내는 이미지를 제시한다. 결국, 집을 팔거나 빌려주는 데 필요한 것은 완벽한 리모델링이 아니라, 보는 사람에게 "여기서 살 수 있겠다"라는 상상을 불러일으키는 것이다.

독자가 지금 해야 할 일은 간단하다. 집 안의 한 공간, 가장 자신 없는 사진 한 장을 고르는 것이다. 어쩌면 어두운 조명 때문에 답답해 보이는 거실일 수도 있고, 물건이 어지럽게 널려 있는 주방일 수도 있다. 그 사진을 챗GPT와 룸GPT에 넘겨 이 책에서 익힌 방식을 적용해 보라. 불과 몇 분 뒤, 전혀 다른 매물이 화면에 나타날 것이다. 그 변화는 거창한 공사나 비용을 들이지 않고도, 화면 속에서만큼은 전문가의 손길이 닿은 듯한 연출로 완성된다.

그리고 그 순간 독자가 느끼는 것은 단 하나이다.

"되네."

AI 홈스테이징은 어려운 기술이 아니다. 프롬프트 몇 줄과 클릭 몇 번이면 충분하다. 달라진 이미지는 곧바로 부동산 플랫폼에서 경쟁력을 발휘한다. 다른 매물 사진들 사이에서 내 사진은 깔끔하고 정돈된 인상으로 돋보인다. 그것은 클릭을 유도하고, 방문을 이끌며, 계약으로 이어진다.

지금까지 배운 도구와 방법은 결국 이 장면을 위해 존재한다. 챗GPT가 키워드를 뽑는 것도, 룸GPT가 이미지를 변환하는 것도, 에이전트가 반복 작업을 대신하는 것도 모두 내 매물을 가장 설득력 있게 보여주기 위한 준비 과정이었다. 이제 독자는 책 속의 예시가 아니라 자신의 매물로 실험할 차례이다.

이 책이 독자에게 전하고자 한 메시지는 단순하다. 잘 팔리는 집은 따로 있는 것이 아니다. 잘 보이는 집이 있을 뿐이다. 그리고 그 집은 지금 당신의 손끝에서 만들어지고 있다.

지금 바로 해보는 미션

1. 내 매물 사진 찍기

- 거실, 주방, 침실 중 한 곳을 스마트폰으로 찍는다. 정리가 덜 되어 있어도 괜찮다.

2. 챗GPT에게 키워드 요청하기

css　　　　코드 복사

```css
30대 직장인이 좋아할 모던하고 깔끔한 [공간명] 인테리어 키워드를 뽑아줘.
```

3. 이미지 변환하기

- 룸GPT에 사진을 업로드한다.
- 모던, 내추럴, 북유럽 등 원하는 스타일을 선택한다.

4. 비교하기

- 결과 이미지가 나오면 비포 앤 애프터(Before/After)를 비교한다.
- 어떤 변화가 생겼는지 직접 확인한다.

이 네 단계를 직접 실행해 본 독자는 단순히 책을 읽는 사람이 아니라, AI 홈스테이징을 체험한 실전 사용자가 된다.

그리고 그 순간, 속으로 이렇게 말하게 된다.

'아, 정말 되네.'

내 매물에 AI 적용해보기 체크리스트

단계		할 일	예시 프롬프트/가이드	체크
1	사진 고르기	내 매물 중 가장 자신 없는 공간 사진 한 장 선택	"어두운 거실 사진" / "정리가 덜 된 주방"	☐
2	키워드 추출하기	챗GPT에게 인테리어 키워드 요청	"30대 신혼부부가 좋아할 밝고 정리된 거실 키워드를 뽑아줘"	☐
3	이미지 변환하기	룸GPT에 사진 업로드 후 원하는 스타일 적용	"모던 스타일" / "스칸디나비아 스타일"	☐
4	비교하기	Before/After 이미지를 나란히 놓고 변화 확인	Before : 어둡고 어수선 → After : 밝고 정돈	☐

기존 사진 vs AI 이미지 비교 분석

AI 홈스테이징의 매력은 단순히 새로운 이미지를 만들어 내는 데 있지 않다. 진짜 힘은 기존 사진과 AI가 변환한 사진을 나란히 비교하는 순간에 드러난다. 같은 공간이지만, 보는 사람의 인상은 완전히 달라지기 때문이다.

사람들은 부동산 플랫폼에서 수많은 사진을 스크롤한다. 그런데 단 몇 초 안에 "보고 싶다" 혹은 "넘어가자"라는 결정을 내린다. 이때 결정적인 기준은 공간이 얼마나 넓어 보이는가, 얼마나 밝고 정돈되어 있는가, 얼마나 살고 싶은 상상을 불러일으키는가이다. AI 이미지는 바로 그 지점을 정면으로 겨냥한다.

왜 비교가 중요한가

비교는 설득이다. 비포(Before) 사진은 현실 그대로를 보여준다. 때로는 어두운 조명, 지저분한 물건, 낡은 분위기가 그대로 드러난다. 하지만 애프터(After) 사진은 같은 공간임에도 불구하고 정돈된 배치, 밝은 조명, 스타일을 담아낸다. 보는 사람은 이 두 이미지를 동시에 접하면서 생각한다.

"같은 공간이 이렇게 달라질 수 있구나."

이 깨달음은 단순한 시각적 차이를 넘어서 구매와 임대의 의욕으로 이어진다. 사람은 현실보다 가능성에 끌린다. 비교는 가능성을 증명하는 과정이다.

실습 : 직접 비교해보기

1. 내 사진 선택

- 거실, 주방, 침실 중 한 공간을 고른다.

2. Before 확인

- 지금 있는 그대로의 사진을 화면에 띄운다.

3. AI 변환 실행

- 룸GPT에 업로드하고 원하는 스타일을 선택한다.

4. After 확인

- AI가 만든 이미지를 기존 사진과 나란히 놓고 비교한

다.

5. 변화 포인트 기록

- "조명이 밝아졌다 / 정리감이 생겼다 / 넓어 보인다" 등 변화된 부분을 메모한다.

내 매물에 AI 적용해보기 체크리스트

항목	Before(기존 사진)	After(AI 이미지)	변화 포인트
조명	어둡고 그림자 많음	밝고 균일한 조명	따뜻하고 환한 분위기
가구 배치	어수선, 좁아 보임	단순하고 정돈됨	공간 활용 극대화
색상 톤	칙칙한 색감	화이트·우드 톤	넓고 깔끔한 인상
분위기	답답, 지저분	아늑, 세련	살고 싶다는 상상 자극

나만의 실습 칸

내가 선택한 공간 :	
Before 인상 :	
After 변화 포인트 :	
가장 눈에 띄는 차이 :	

비교 분석은 단순히 사진을 바꾸는 과정이 아니라, 내 매물이 가진 매력의 재발견이다. 기존 사진은 한계처럼 보이지만, AI가

제시하는 이미지는 가능성을 보여준다. 그리고 그 가능성은 곧 보는 이의 상상력을 자극하고, 계약으로 이어지는 힘이 된다.

따라서 이 장에서 독자가 해야 할 가장 중요한 실습은 단순하다. 내 매물의 비포 앤 애프터(Before & After) 이미지를 나란히 놓고 보는 것. 이 짧은 비교가 매물의 설득력을 어떻게 바꾸는지 직접 체험해 보라. 그 순간 독자는 스스로 확신하게 된다

"아, 내 집도 충분히 경쟁력이 있구나."

다양한 인테리어 스타일로 재구성

AI 홈스테이징의 마지막 단계는 다양한 인테리어 스타일로 같은 공간을 재구성하는 것이다. 지금까지 우리는 내 매물을 찍은 그대로 AI에 적용해 보고, 비포 앤 애프터(Before & After) 이미지를 비교하며 설득력을 분석했다. 이제 마지막으로 해야 할 일은 한 가지 스타일에 머물지 않고, 다양한 스타일의 가능성을 열어보는 것이다.

사람마다 취향은 다르다. 어떤 이는 모던한 흰색 공간을 좋아하고, 또 어떤 이는 우드 톤의 내추럴한 분위기를 원한다. 누군가는 북유럽의 간결함을, 또 누군가는 빈티지의 따뜻함을 선호한다. 매물을 내놓을 때 한 가지 사진만 보여주는 것보다, 여러 스타일의 변환 이미지를 함께 제시하면 보는 사람의 상상력이 넓어진다. "이 집은 이렇게도 꾸밀 수 있구나"라는 가능성이 곧 매물의 경쟁력이 된다.

이론 : 스타일 재구성의 효과

1. 선택권 제공

- 단일 이미지는 “좋다/싫다”로만 판단된다. 하지만 여러 스타일의 이미지는 “어떤 게 더 좋을까?”라는 선택으로 이어진다. 선택은 곧 관심을 의미한다.

2. 취향의 다양성 수용

- 타깃층이 분명하더라도, 실제 매수자나 임차인의 취향은 예상과 다를 수 있다. 스타일 다양성은 불확실성을 줄여준다.

3. 매물의 잠재력 강조

- 같은 집이지만 여러 스타일로 변환되면 “이 집은 다양한 모습으로 활용 가능하다”라는 메시지를 전할 수 있다.

실습 : 스타일별 변환해보기

STEP 1. 내 사진 선택

- 거실, 주방, 침실 중 한 장을 고른다.

STEP 2. 챗GPT 키워드 요청

코드 복사

```
같은 거실을 모던, 내추럴, 북유럽, 빈티지 스타일로 각각 연출할 수 있는 키워드를 뽑아줘.
```

STEP 3. 이미지 변환 실행

- 룸GPT나 이미지 생성 AI에서 동일한 사진을 여러 스타일로 변환한다.

STEP 4. 비교하기

- 4장의 결과물을 나란히 두고 어떤 스타일이 가장 매력적인지 확인한다.

■ **Before/After/Variation 비교 예시**

- **모던** : 화이트 톤, 간결한 가구, 깨끗한 직선미
- **내추럴** : 원목 소재, 화분, 따뜻한 조명
- **북유럽** : 파스텔 톤, 심플한 라인, 아늑한 분위기
- **빈티지** : 브라운 가죽 소파, 클래식 조명, 따뜻한 텍스처

같은 공간이지만 스타일마다 전혀 다른 인상을 준다. 어떤 이는 모던에서 매력을 느끼고, 또 다른 이는 빈티지에서 집을 상상한다.

나만의 실습 칸	
내가 선택한 공간 :	
변환할 스타일 :	☐ 모던 ☐ 내추럴 ☐ 북유럽 ☐ 빈티지 ☐ 기타 _____
가장 매력적이었던 스타일과 이유 :	

당신의 집은 이미 설득력을 갖추고 있다

이 책은 단순히 AI 사용법을 소개하는 매뉴얼이 아니었다. 집을 어떻게 보여주느냐에 따라 가치가 달라진다는 사실, 그리고 AI가 그 과정을 누구나 손쉽게 도와줄 수 있다는 확신을 전하고자 했다.

처음 이 책을 펼쳤을 때 독자는 아마도 "AI로 집 사진을 바꿀 수 있을까?"라는 의문을 품었을 것이다. 하지만 이제는 직접 챗GPT로 키워드를 뽑고, 룸GPT로 사진을 변환하며, 비포 앤 애프터(Before/After)를 비교하고, 다양한 스타일을 시도하는 단계에 이르렀다.

이 여정의 끝에서 독자가 얻는 깨달음은 단순하다.

"잘 팔리는 집은 따로 있는 것이 아니다. 잘 보여지는 집이 있을 뿐이다."

그리고 그 보여주는 방식을 이제는 당신이 직접 만들어 낼 수 있다.

이 책이 독자에게 남기는 마지막 메시지는 이것이다.

"AI 홈스테이징은 도구가 아니라, 가능성이다."

내 집의 가치를 새롭게 정의하고, 더 많은 이들에게 설득력 있게 보여주는 힘. 이제 그 힘은 전문가만의 것이 아니다. 독자의 손끝에 있다.

에필로그

부동산 시장에도 마침내 도래한 AX 시대, 경고와 성찰 사이에서…

"AI 이후, 누가 살아남을까?"

나는 한때 부동산은 반드시 발로 뛰어 확인해야 한다고 믿었다. 직접 가서 집을 보고, 골목의 분위기를 살피고, 현관문을 열어보며 결정을 내리는 것이 당연했다. 그러나 이제 그 '당연함'은 무너지고 있다. 옷을 인터넷 쇼핑몰에서 클릭 한 번으로 사듯이, 부동산 매물도 클릭과 이미지, 그리고 AI가 만들어 낸 시뮬레이션만으로 거래되는 시대가 눈앞에 다가왔다.

한 일화를 들면, IT업계 일하는 남성의 이야기다. 바쁜 업무로 회사 근처 오피스텔을 임차하였으나, 프로젝트도 끝나고 해서 부동산중개사이트에 해당 매물을 내놓아야 하는데, 너무 바빠서 방을 어느 정도 정리하고 치울 시간이 없었다고 한다. 그래서 이를 보고 있던 그의 아내가 “내가 가서 치울게”라고 했을 때, 그 남성은 “아니야, 바쁜데 직접 갈 필요 없어. 현재 지저분한 방 사진 한 장만 있으면 끝나”라고 했다. 그리고 남성은 생성형 AI를 이용해 그 지저분한 방의 물건들을 지우고, 깨끗하게 정리된 방사진을 부동산 매물광고사이트에 올렸다고 한다. 그리고 얼마 뒤 그 매물이 나갔다는 연락을 받았다고 한다. 이처럼 세상이 너무 바뀌고 있다.

이미 어떤 사람들은 부동산 임대차시장에서 현장에 가지 않고, AI가 연출한 가상의 거실과 침실을 보고 계약을 결정한다. 몇 장의 보정된 사진과 가상 투어만으로 충분하다고 믿는다. 반대로, 여전히 “현장을 직접 가야 한다”라고 말하는 이들은 점점 뒤처지고 있다. 지금은 임대차시장에서 많이 이루어지고 있으나 매매시장에서도 이러한 기술들은 점점 적용될 것이다.

문제는 속도다. 기술은 기다려주지 않는다. 불과 몇 년 전만 해도 상상할 수 없던 일이 이제는 일상이 되었다. 나는 과거 프레지(prezi.com, 프레젠테이션에서 몰입감을 주는 줌인 줌아웃하는 프레젠이션 도구)를 누구보다 먼저 배워 대학의 강의실에서 선보였던 경험을 떠올린다. 그러나 결국 사람들은 익숙한 파워포인트로 돌아갔다. 그 경험은 나에게 새로운 도구라고 해서 반드시 살아남는 것은 아니라는 사실을 가르쳐 주었다. 그래서 생성형 AI가 등장했을 때도 나는 잠시 의심했다.

하지만 지금은 확신한다. 이번만큼은 다르다. 생성형 AI는 단순한 유행이 아니라 이미 우리의 '환경'이 되었다. 공기처럼, 전기처럼, 인터넷처럼 말이다. 그렇기에 두려움은 더 커진다. "AI를 안 쓰면 불편하다" 수준이 아니라, "AI를 외면하면 사회에서 도태된다"라는 현실 때문이다. 이미 누군가는 ChatGPT, 제미나이, 퍼플렉시티, 클로드 등 네 가지 이상의 AI를 동시에 활용하며 일과 삶을 재구성한다. 그들은 더 많은 시간을 확보하고, 더 빠른 의사결정을 내리며, 더 높은 수익을 거둔다. 반면 무료 체험판 수준에서 머무는 사람들은 곧 설 자리를 잃을 것이다.

그러나 동시에 나는 희망도 본다. 우리는 모두 프로그래머가 될 필요는 없다. 중요한 것은 '모호함과 어정쩡한 위치에 머물지 않는 것'이다. 두려워만 할 것이 아니라, 직접 불러내어 쓰고, 손에 익히고, 내 삶 속에 스며들게 하는 것. 서툴더라도 그 한 걸음이 결국 다음 시대를 여는 선택이 된다.

이제 질문은 단순하다.

당신은 앞으로 다가올 세계에서 어떤 선택을 할 것인가?

편리함과 속도의 세계로 이미 들어간 사람들과 함께할 것인가, 아니면 낡은 방식에 매달리며 시대의 잔해로 남을 것인가.

미래는 이미 우리 곁에 와 있다. 다만 그 문을 열고 나아갈 용기는 각자의 몫이다.

그리고 그 선택이, 당신의 내일을 결정할 것이다.

AI 시대의 공간 연출가로서

장 미 정